Criptomonedas

Una guía esencial para principiantes sobre la Tecnología de Cadenas de Bloques, la Inversión en Criptomonedas, y Bitcoin, incluyendo Minería, Ethereum y Comercio

Tabla de contenidos

Primera Parte: Blockchain

Una Guía Esencial Para Principiantes Para Comprender La Tecnología Blockchain, Criptomonedas, Bitcoin y el Futuro del Dinero

Introducción

Este libro es la guía esencial para principiantes para comprender la tecnología de blockchain, las criptomonedas, bitcoin y el futuro del dinero.

El comercio siempre ha estado en el corazón de la vida del hombre. En los primeros tiempos, el comercio tomó la forma de trueque. A medida que las civilizaciones y el comercio se desarrollaban y florecían, el comercio de trueque ocupaba un segundo plano y la moneda en forma de caracoles y las cuentas de collar pasaron a un primer plano. Debido a que no era del todo claro cuántos caracoles cambiar por X mercancía, la sociedad desarrolló varias formas de dinero para complementar el creciente comercio global y la interconexión.

Desde entonces, el dinero ha tomado muchas formas. A principios de los años 1930-40, la época de la prospección cowboy y del oro, el oro era el estándar y el gobierno federal tenía toneladas de oro almacenados en la Reserva Federal. A medida que pasaba el tiempo y la sociedad cambiaba e interactuaba libremente, surgió la necesidad de formas de dinero más fáciles de transportar. Así es como se crearon las tarjetas de crédito y la banca en línea.

Hoy, sin embargo, una nueva forma de moneda, las criptomonedas, está cambiando nuestra visión del dinero, el comercio global y nuestro almacenamiento e interacción con el dinero.

En esta guía, discutiremos todo lo que hay que saber sobre las criptomonedas, su impacto en el futuro del dinero y el comercio, y lo más importante, cómo puede prepararse usted para la tecnología disruptiva que es el blockchain.

Sección 1: El Dinero Como lo Conocemos Ahora: El Pasado y El Presente

Antes de que podamos discutir el papel disruptivo que juegan las criptomonedas en el futuro del dinero, tenemos que mirar la historia del dinero, porque en esta historia aprendemos por qué surgieron monedas como bitcoins, altcoins, Litecoins y otras criptomonedas que utilizan la tecnología blockchain.

Comprender cómo surgió el dinero y cómo lo usamos en el pasado nos ayudará a entender cómo y por qué las monedas que usan la **tecnología blockchain** están revolucionando el dinero y cómo lo usamos.

La Historia del Dinero

El dinero tal como lo conocemos hoy no es una cosa, per se. Hoy en día, el dinero es una serie de tecnologías interconectadas que se han desarrollado a lo largo del tiempo a partir del trueque, las cuentas de collar, el oro, las monedas y luego el papel moneda.

En relación con lo que los expertos tienen que decir sobre nuestro uso histórico del dinero, surgen dos ideas principales. La primera es que, como se indicó anteriormente, la necesidad de moneda, es decir, dinero, surgió de problemas con la fiabilidad del comercio de trueque. Al hacer transacciones, era imposible saber si lo que usted canjeaba valía lo que daba a cambio. El otro teorema es que los gobiernos son responsables de crear dinero como una forma de saldar la deuda. Ambas ideas tienen mérito. Aquí esta el porqué.

Si observa la idea del comercio de trueque y la remonta a sus raíces (que fue hace mucho tiempo), la historia que usted revelará es una en la que cambiar un producto por otro estaba a la orden del día. Por ejemplo, si John Doe era un fabricante de ollas y, al acercarse el invierno, necesitaba mantas, acudiría a Jane Smith, una tejedora, y si ella necesitaba ollas, harían un trueque.

Como puede imaginar, este tipo de comercio tenía un elemento de desigualdad en el sentido de que no había una tasa acordada previamente a la cual realizar el trueque. Una olla grande se podría comerciar por 2, 5, 10 o incluso 20 mantas, dependiendo del temperamento y la desesperación de los comerciantes. Esto significaba que esta forma de comercio estaba abierta a la manipulación porque, en un caso en el que usted tenía ollas y deseaba frazadas desesperadamente, pero no podía encontrar a alguien con quien comerciar a un ritmo favorable, terminaría intercambiando sus ollas por menos de su valor.

Como puede ver, tal desigualdad y dificultad de comercio precipitaron la introducción de estándares, que es cómo, según la historia, el hombre decidió encontrar una manera conveniente de comerciar al crear un estándar usando cosas valiosas como cuentas de collar, caracoles y monedas. Esta estandarización significaba que los artículos específicos tendrían un estándar comercial. Por ejemplo, un cerdo, pollo o incluso X cantidad de ollas y mantas se traducirían en una cantidad específica de algo valioso. Por ejemplo, un cerdo se cambiaría por X cantidades de cuentas de collar.

La segunda teoría, la de los gobiernos que forman dinero como una manera de amortiguar la deuda, también tiene cierto mérito en el hecho de que muchos antropólogos están de acuerdo en que las formas más antiguas de dinero, tal como las conocemos ahora, surgieron en Mesopotamia hace unos 5.000 años.

Los antropólogos postulan que los burócratas que dirigen el palacio real crearon las primeras unidades de dinero como una forma de medir los salarios, liquidar las deudas entre los terratenientes y los comerciantes, y calcular multas e impuestos. En esta burocracia, el dinero tomó una forma estandarizada como pesos de plata. El gobierno de la época se encargó de determinar el valor de la plata no basándose en el valor del metal, sino en su propio interés. Desde una perspectiva más amplia, esta historia también tiene cierto fundamento en la verdad. Aquí esta el porqué:

Cuando observa nuestro uso del dinero en la vida moderna, puede ver que la regulación de los billetes de banco por parte de los gobiernos de todo el mundo es muy similar a la que hizo el gobierno mesopotámico hace miles de años y, por lo tanto, esta regulación del gobierno mesopotámico podría muy bien ser el inicio de las monedas centralizadas.

Estas dos cuentas de cómo el dinero se creó se complementan mutuamente porque nos permiten ver lo diferente que entendemos el dinero y el papel que tiene que desempeñar en el comercio y en la sociedad en general.

En la versión de trueque, el dinero se desarrolló espontáneamente sin ninguna intervención gubernamental, y por necesidad a medida que cambiaba el comercio entre individuos. Por otro lado, la cuenta antropológica postula que una institución pública, el gobierno o una parte de la misma, es responsable de desarrollar el dinero como una forma de ayudar al público a saldar deudas entre sí y al gobierno en forma de impuestos comerciales y arrendamiento de tierras.

Para comprender la historia del dinero en su totalidad, tenemos que profundizar más en por qué esta historia llevó a la formación del dinero y la banca tal como la conocemos y, sin una comprensión adecuada de esto, no podemos entender cómo las monedas del futuro están cambiando todo lo que sabemos sobre el dinero.

Los Orígenes del Dinero y La Banca

Chris Skinner, un destacado comentarista y estratega en los mercados financieros, cree que **la creación de creencias compartidas es lo que llevó a la creación del dinero y la banca** (al menos algunos elementos) porque estas creencias son las que nos unen, nos permiten trabajar juntos y llevarnos bien.

Si le pregunta a un aficionado, la persona promedio que camina en la calle, que defina el dinero, la respuesta que obtiene debe ser muy simple: monedas y billetes. Esta respuesta, aunque sencilla, deja mucho al descubierto. Por ejemplo, ¿qué pasa con las tarjetas de crédito, cheques y oro? ¿Estos no cuentan como formas de dinero?

El punto aquí es que, a lo largo de la historia, e incluso hoy, el dinero ha tomado muchas formas y tipos. Por ejemplo, como hemos discutido anteriormente, el dinero ha tomado la forma de cosas como cuentas de collar, ámbar, huevos, cuero, oro, zappozats y muchas otras formas como marfil, sal e incluso hilos. Esto hace que sea imposible definir el dinero en términos de propiedades físicas. Para definir el dinero, tenemos que definirlo usando sus varias funciones.

Funciones Del Dinero

Las funciones del dinero son vastas. Además de los usos comunes como medio de intercambio, medios de pago y almacenamiento de valor, el dinero también es una unidad de cuenta, una medida común de valor y un estándar de pagos diferidos. Desde una perspectiva macroeconómica, el dinero también es un activo líquido, un controlador de la economía, un marco del sistema de asignación de mercado en términos de precios y un factor causal en la economía.

A partir de estas funciones definidas del dinero, puede ver que no todas las cosas utilizadas como dinero sirven para todas estas funciones y que una forma particular de dinero puede cambiar drásticamente a lo largo del tiempo. En relación con esto, Glyn Davies, autor del popular libro, **Una Historia del Dinero desde la**

Antigüedad Hasta la Actualidad, y experto en la historia del dinero, dice lo siguiente:

"Lo que ahora es la función principal del dinero en una comunidad o país en particular, puede que no haya sido su función original o principal en el tiempo, mientras que la función secundaria o derivada en un lugar puede haber sido en otra región la original que dio lugar a una función secundaria relacionada…"

Este es un extracto del libro.

Davies llega a la conclusión de que la mejor definición de dinero es la siguiente: *"El dinero es algo que se usa ampliamente para hacer pagos y contabilizar deudas y créditos"*. Esa es la mejor definición de dinero y la que usaremos a medida que profundicemos en esta discusión.

Factores que Llevaron al Desarrollo del Dinero

No podemos discutir el dinero sin discutir los factores causales que llevaron al desarrollo del mismo. Mientras que nuestra discusión anterior sobre el tema lo iluminó parcialmente, tenemos que arrojar más luz sobre ello.

En su libro, Davies implica lo siguiente:

"Contrariamente a la creencia popular y en claro contraste con la explicación antropológica de cómo surgió el dinero, el dinero se desarrolló principalmente por causas económicas."

Dice que, aparte de desarrollarse a partir del trueque, el dinero se desarrolló para fines de tributo, para servir como comercio y dinero de soborno, y para ritos ceremoniales y religiosos. Él va más allá al afirmar que el dinero también se desarrolló a partir del comercio, la ornamentación ostentosa y como una esclavitud común entre los hombres económicos.

Tras esta ilustración, una de las cosas que podemos derivar es que las mejoras más importantes en el comercio de trueque se produjeron cuando esos intercambios tendieron a seleccionar uno o más artículos en lugar de otros, hasta un punto en el que el artículo ampliamente seleccionado obtuvo una amplia aceptación como el estándar de la calidad y el medio de intercambio preferido.

La razón causal de esto, es decir, la razón por la cual algunos artículos se convirtieron en los artículos preferidos para el comercio de trueque, varía. Algunas de estas razones incluían que los artículos eran más fáciles de almacenar, otros que tenían mayor valor y densidad, que eran más fáciles de transportar y otros porque eran duraderos y se consideraban valiosos. Debido a que los comerciantes aceptaron ampliamente estos productos, se volvieron deseables y, como eran más fáciles de cambiar por otros, se convirtieron en la forma de dinero ampliamente aceptada.

A pesar de que las desventajas del comercio de trueque son parte del catalizador que condujo al desarrollo del dinero, este catalizador fue económico y arqueológico, lingüístico, literal e incluso evidencia tangible de formas primitivas de dinero en muchos mundos antiguos, el trueque juega un papel muy marginal en el desarrollo y origen de las formas más tempranas de dinero.

A partir de este contexto y de la evidencia arqueológica, muchas sociedades han implementado leyes que dictan cómo "pagarían" los que cometen delitos violentos. La palabra *paga* proviene de la palabra latina "pacare", una palabra cuyo significado original es hacer las paces con, apaciguar, o pacificar. Desde un contexto histórico, esto significa que aquellos atrapados en el crimen pagarían a través de una unidad de valor aceptada habitualmente por todos.

Esta explicación aclara lo siguiente: que, en muchas sociedades, se requerían medios de pago para impuestos, tributos, dinero para esposa y dinero de sangre, todo lo cual lleva al uso generalizado del dinero. Esta explicación también ilustra que el uso del dinero no evolucionó singularmente de las desventajas o el uso del comercio de trueque. Se desarrolló a partir de costumbres profundamente arraigadas, las deficiencias del comercio de trueque, y en la mayor parte del mundo, evolucionó de manera independiente.

El Dinero en su Forma Primitiva

De la documentación histórica, el uso de formas primitivas de dinero en América del Norte y en el Tercer Mundo es mejor que el de Europa. Esta documentación arroja luz sobre los orígenes probables de las formas modernas de dinero.

Como ejemplo, la historia documentada muestra que América del Norte usó ampliamente el **Wampum** y la tradición del **potlatch para el intercambio de regalos**. África utilizó ampliamente las conchas de cowrie, Asia utilizó dientes de ballena, ganado y manillas, y Yap utilizó piedras en forma de disco. En África occidental, las **Manillas** eran objetos metálicos ornamentales usados como joyas y utilizados como dinero incluso en 1949. En América del Norte, el uso del Wampum como dinero provenía de su conveniencia como adorno y, dado que los metales han tenido usos ornamentales a lo largo de la historia, esto podría explicar su aceptación y uso como dinero en muchas civilizaciones.

En el contexto histórico, los dientes de ballena se utilizan como dinero para la esposa en ciertas sociedades de Fiji (algunas sociedades de Fiji todavía los usan hasta la fecha) y su uso tiene el mismo significado que los anillos de compromiso en las sociedades de hoy.

La Invención de las Monedas y la Banca

¿Cuál de los dos, moneda y banca, crees que precedió al otro? En una instancia normal, parecería que las monedas vendrían antes de la banca. Bueno, ese no es el caso, y en realidad, la invención de la banca vino antes que la de las monedas.

La forma bancaria más antigua registrada se originó en Mesopotamia, donde los templos y palacios reales proporcionaban a los necesitados lugares seguros para almacenar sus granos y otros productos que consideraban valiosos. Posteriormente, esta sociedad comenzó a utilizar los recibos emitidos para el almacenamiento de estos objetos de valor, no solo para transferirlos al depositante original, sino también para transferirlos a terceros. Esta configuración floreció tanto que las casas de propiedad privada en Mesopotamia comenzaron a ofrecer operaciones bancarias similares y, en poco tiempo, la familia real comenzó a introducir el **código de Hammurabi**, leyes que regulan estas operaciones bancarias.

Los antiguos egipcios también tenían un sistema similar. Por ejemplo, los egipcios implementaron la centralización de la cosecha: almacenaron su cosecha en almacenes estatales, algo que condujo al desarrollo del sistema bancario en esa sociedad. De este sistema, aquellos que hubieran almacenado granos en los almacenes requerirían órdenes escritas antes de retirar su lote de granos o lotes depositados en crédito del rey. Esta se convirtió en la forma generalmente aceptada de pago de las deudas a los recaudadores de impuestos, sacerdotes y otros comerciantes. Mucho después de la introducción de las monedas, el sistema egipcio fue de gran apoyo, ya que ayudó a reducir la demanda de monedas de metales preciosos que de otra forma estarían reservadas para las principales compras extranjeras de carácter militar.

Las conchas hechas en China a partir de cobre y bronce se encuentran entre las formas más antiguas de dinero contable. Los chinos también produjeron monedas de otras cosas como azadones, cuchillos, espadas y otros objetos ampliamente aceptados como formas de dinero. En la antigua Grecia, los griegos usaban clavos de hierro como monedas y, como dice la historia, Julio César consideró a los británicos retrógrados por usar hojas de espada como monedas.

Las cuasi monedas de los primeros días eran demasiado fáciles de falsificar y, dado que eran de bajo valor intrínseco y estaban hechas de metales básicos, no eran convenientes para compras caras.

Los **Lidios**, residentes de **Asia Menor**, se llevan a casa el trofeo por desarrollar una verdadera moneda. Lo hicieron al estampar pequeñas piezas redondeadas de metales preciosos como un signo de su pureza y valor garantizado. Cuando sus habilidades de modelado de metal mejoraron, comenzaron a crear formas regulares de este dinero y, como el peso también era regular, el dinero que crearon se convirtió en un símbolo de valor y pureza. En relación con las primeras monedas acuñadas, los historiadores postulan que esto sucedió entre el 630-640 a.C., y luego se extendió de Lidia a Persia y Grecia continental.

Uso de la Moneda en la Antigua Grecia

Grecia es el hogar de algunos de los acontecimientos históricos más relevantes del hombre. En relación con el desarrollo del dinero, Grecia tenía el **óbol de plata**, una de las formas más pequeñas de monedas griegas. En la Grecia antigua, los estándares de peso variaban según la ubicación. El sistema de peso y medidas también cambió según fue necesario. En relación con esto y utilizando **el estándar de peso y medida del ático**, 6 óbolos de plata equivalían a un **dracma de plata**.

Al igual que hoy, en los primeros días del desarrollo de las monedas, la inflación planteaba un problema. Por ejemplo, en 407 a.C., después de que Esparta asaltara Atenas, tomara el control de las minas atenienses y liberara a más de 20.000 esclavos que trabajaban, Atenas se enfrentó a una grave escasez de monedas. Para rectificar esto, emitieron monedas de bronce que tenían una fina capa de plata. Desafortunadamente, esto empeoró la escasez y dado que las buenas monedas eran valiosas, las personas tendían a guardarlas en lugar de usarlas. Optaron por utilizar las nuevas, lo que llevó a un aumento en el uso y la inflación.

Cómo se Desarrollaron los Intercambios de Dinero y la Transferencia de Crédito

Como puede ver anteriormente, el intercambio de monedas en mundos primitivos como Grecia puede muy bien ser la forma más antigua de banca. Por ejemplo, en Grecia, los cambistas se ubicaban a ellos mismos y a sus mesas en forma de trapecio alrededor de templos y lugares públicos. Los griegos llamaron a estos banqueros *trapezitai*, un nombre derivado de la palabra italiana banca, que significa banco o mostrador, que es de donde proviene nuestro nombre para los bancos modernos.

En estas sociedades tempranas, el cambio de dinero no era la única forma de servicio ofrecida por estos "banqueros". Estos primeros banqueros ofrecían numerosos servicios, entre los cuales se encontraba **bottomry**, un término usado para referirse a los buques que prestan servicios de carga. Los banqueros griegos también desempeñaron un papel en la financiación de la minería y la construcción de edificios públicos.

Al igual que el mundialmente famoso **J.P Morgan**, un financiero estadounidense, **Pasion** era el más famoso y rico de estos banqueros. Cultivó su imperio de negocios al cobrar una lucrativa tarifa por prestar cuencos de plata, mantas, ropa y por poseer la fábrica de escudos más grande de toda Grecia.

Después de la caída de Egipto bajo el gobierno de la dinastía griega, el sistema de almacenamiento bancario que discutimos anteriormente ganó un nuevo nivel de sofisticación. En lugar de ser almacenes dispersos, la dinastía gobernante, luego los **Ptolomeos**, consolidó el almacén para formar una red sofisticada de unidades de almacenamiento de granos al que solo podemos denominar el "banco central" situado en Alejandría. Este "banco central" se convirtió en el hogar de las principales cuentas de registros de todos los bancos estatales de graneros.

El sistema funcionó como una forma de **sistema de Giro** bancario donde los pagos se realizaban mediante transferencia sin la necesidad explícita de cambiar dinero. Como esto fue antes de la invención del **sistema de partida doble**, este método utilizó un sistema en el que los funcionarios a cargo registraron las transferencias de crédito cambiando las diferentes terminaciones de los casos de todos los nombres involucrados. Las entradas de crédito utilizaron el caso posesivo o **genitivo**, mientras que el débito usó el **caso dativo**.

A finales del segundo y tercer siglo antes de Cristo, la transferencia de créditos fue uno de los servicios clave ofrecidos en **Delos**, una isla costera estéril cuyos habitantes tenían que ser ingeniosos para sobrevivir a la esterilidad de sus tierras. Para desarrollar sus actividades financieras y comerciales, utilizaron sus dos mayores activos: el famoso templo de Apolo y el hermoso puerto de la isla. En comparación con Atenas, donde las primeras formas de banca eran exclusivamente en efectivo, Delos tenía un sistema que utilizaba recibos de crédito reales. Los clientes que tenían cuentas podían hacer pagos con instrucciones simples.

Los bancos de Roma imitaron de cerca el formato del banco de Delos después de que los principales rivales comerciales de Delos, Cartago y Corinto, cayeran a merced de Roma. Sin embargo, a diferencia de Delos, los romanos preferían las transacciones en efectivo con monedas. La caída del Imperio romano también trajo consigo la caída de la banca.

La reinvención de la banca ocurrió mucho más tarde en Europa en el momento de las Cruzadas. Más específicamente, las ciudades italianas como Génova, Roma y Venecia, y las ferias medievales francesas encontraron la necesidad de servicios bancarios, ya que tenían que transferir grandes sumas de dinero con fines comerciales. Esta necesidad precipitó el desarrollo de servicios de pago/financieros, tales como las **letras de cambio**.

Si bien los árabes y los judíos pudieron haber usado tales modos de pago ya en los siglos VIII y X, la evidencia definitiva del uso de letras de cambio se encuentra en 1156 en Génova cuando dos hermanos tomaron un "préstamo" de 115 libras genovesas. Los hermanos tuvieron que liquidar a los agentes del banco pagando 460 **bezants** al mes después de llegar a Constantinopla.

La edad de las Cruzadas fue un estímulo para la banca porque, en esa edad, era necesario transferir dinero en efectivo de forma segura para pagar a los aliados y pagar equipos, rescates e incluso suministros. Los Caballeros del Templo y los **Hospitalarios** comenzaron a ofrecer servicios bancarios como los que brindaban las ciudades italianas, como se explicó anteriormente.

Cómo se Inició la Centralización de la Moneda y el Monopolio Sobre el Acuñamiento del Dinero

Si observa la sociedad actual y las reglas que rigen el dinero, se dará cuenta de que los gobiernos de todo el mundo monopolizan la impresión de moneda o papel moneda y que en muchas jurisdicciones la impresión de dinero es ilegal y se castiga con la ley. El monopolio gubernamental sobre la impresión del dinero no es nuevo; tiene una larga historia.

Como ya hemos dicho en más de una instancia, su facilidad de uso y portabilidad es una de las razones por las cuales las civilizaciones de todo el mundo tomaron rápidamente el uso de las monedas. En los casos en que el valor de la moneda no dependía de su peso, los comerciantes no encontraban la necesidad de pesar las monedas; simplemente las aceptaron a su valor nominal. Sin embargo, en las transacciones diarias, contar las monedas era más fácil, más rápido y mucho más conveniente, algo de lo que los monarcas comenzaron a beneficiarse desde el comienzo de la Edad Media.

En su libro, Glyn Davies dice lo siguiente acerca de esto:

"Dado que la moneda real autenticada era el modo de pago más conveniente, la mayoría de las monedas tenían una prima sustancial sobre su valor metálico; en la mayoría de los casos, este valor era lo suficientemente alto como para cubrir el coste de acuñar las monedas. Los reyes convirtieron esta prima en ganancias, por lo que en los primeros días hubo retiros de monedas al por mayor, comenzando con 6 veces al año hasta que se convirtió en 2 veces al año."

Para hacer que el proceso de reciclaje sea esencial y completo, la monarquía solicitaría la consolidación de todas las monedas en un solo lugar para maximizar las ganancias y evitar la competencia de emisiones anteriores (de las monedas). Las autoridades tuvieron que hacer que las muevas emisiones se distinguieran de las anteriores, al mismo tiempo que las nuevas emisiones eran aceptables de forma amplia y general.

El desgaste de las monedas no justificaba el "reciclaje" de estas monedas. Las ganancias de la acuñación lo hicieron. La monarquía inglesa usó estas ganancias (llamadas señoreaje) para complementar los sistemas de impuestos eficientes que habían adoptado de los normandos. Dado que el valor del **señoreaje** dependía de la percepción y la confianza pública en la acuñación de monedas, crearon un sistema elaborado de pruebas.

Formas Tempranas de Cheques de Moneda Falsificada

En su libro, **Una Historia del Dinero desde la Antigüedad Hasta la Actualidad** Glyn Davies dice lo siguiente {no-textual}:

"Cualquier persona en una posición que le permitiera manejar plata y oro, ya fuera un comerciante, un recaudador de impuestos, el Rey, los alguaciles e incluso el fisco real, necesitaba tener dispositivos fiables con los que pudiera probar la autenticidad y la pureza de las monedas que pasaban como divisas."

De todos los métodos utilizados para probar esta autenticidad y pureza hubo un método denominado *bruto y listo*. En este método, aquellos en las posiciones mencionadas anteriormente pasaban las monedas sobre las piedras de toque, como el esquisto y el cuarzo, y examinaban los rastros de color dejados por el metal que hace las monedas. El otro método era un método llamado la **Prueba del Pyx**. Este método involucraba el uso de "agujas táctiles" (24 en número, una para cada uno de los tradicionales quilates de oro y piezas de prueba similares de plata). La prueba pasaba ante un jurado.

A pesar de que los monarcas y los gobiernos implementaron medidas elaboradas para restringir el uso de las falsificaciones, medidas como las que hemos analizado anteriormente, las falsificaciones aún ocurrían a pesar de que el gobierno controlaba la producción de monedas y el suministro de dinero. Este monopolio se rompió después de la introducción del papel moneda y la banca comercial.

La Introducción del Papel Moneda

El primer uso del papel moneda se remonta a China desde el 960 d.C. Una razón para la necesidad de papel moneda en China se produjo en 806-821 cuando, durante el reinado del **Emperador Hien Tsung**, hubo una escasez del cobre utilizado para hacer monedas.

El aumento de la fiabilidad en el papel moneda se produjo cuando China tuvo que agotar su reserva de divisas para comprar potenciales invasores en el norte. El resultado de esto es que, para el año 1020 d.C., la cantidad de papel moneda emitida era tan excesiva que llevó a la inflación.

Dinero en el Presente: Dinero Plástico

Como puede ver, nuestro uso de varias formas de dinero a lo largo de los milenios es extenso. Hoy en día, aunque ya no usamos caracoles, y el comercio de trueque no es una forma común de comercio, todavía usamos papel moneda y, gobiernos y monarcas de todo el mundo lo hacen para controlar las políticas monetarias; esto significa que incluso hoy en día, nuestro uso del dinero **no es tan diferente de lo que una vez fue**.

Hoy en día, aunque todavía usamos monedas y papel moneda, estos también han adoptado otras formas, como tarjetas de crédito y débito y, en cierta medida, dinero inalámbrico, como los que se encuentran en cuentas en línea como PayPal. Hoy en día, las tarjetas de crédito y débito (lo que llamamos dinero plástico) son la forma de dinero más utilizada (no literalmente). La Reserva Federal muestra que más de 609.8 millones de tarjetas de crédito están en uso en los EE.UU. La introducción del dinero plástico ha cambiado cómo llevamos y usamos el dinero.

Con la primera tarjeta de crédito (llamada **tarjeta Diners Club**) producida en la década de 1950, cargar con dinero y pagar las cosas se ha vuelto más fácil. Hoy en día, con la introducción de los servicios de transferencia electrónica de fondos, como la **transferencia bancaria**, el pago, el envío y la recepción de dinero, ahora es más fácil que nunca.

La introducción del internet y su posterior adopción y aceptación también trajeron consigo una forma de moneda disruptiva: *la criptomoneda.*

Ahora que tiene una comprensión clara de cómo llegamos a donde estamos en términos de nuestro uso del dinero, comencemos nuestro viaje hacia el futuro al observar cómo las monedas de hoy (especialmente las criptomonedas) están cambiando nuestra visión, comprensión y uso del dinero en la vida cotidiana, y cómo seguirán haciéndolo en el futuro.

Sección 2: Entendiendo La Tecnología Blockchain

Ha rozado los hombros con términos como Bitcoins, Litecoins, Ethereum, criptomonedas y la tecnología blockchain. Para aquellos que no lo saben, estos términos son confusos. En esta sección de la guía, trataremos de comprender cuáles son estos, desmitificando su tecnología subyacente: *la tecnología blockchain*.

Blockchain 101: Una Guía Sucinta

Si observa el mundo en el que vivimos, una de las cosas que notará es que nuestro mundo está cambiando rápidamente. La llegada de Internet trajo consigo una plétora de cambios imparables. Cambió la forma en que nos comunicamos y, lo que es más importante, la forma en que realizamos las transacciones monetarias.

Mirando la **historia del dinero** como la hemos comentado, se dará cuenta de que incluso a principios del siglo XX, el concepto de enviar dinero electrónicamente desde una computadora o incluso teléfonos móviles era un concepto extraño. Varios inventos tecnológicos han cambiado eso. Una de estas tecnologías es la tecnología blockchain que trajo consigo la popular Criptomoneda Bitcoin (más adelante analizaremos las Criptomonedas). Por ahora, concentrémonos en la tecnología blockchain.

¿Qué Es La Tecnología Blockchain?

Según Wikipedia, **blockchain**, originalmente llamada cadena de bloques, es una lista creciente de registros llamados bloques asegurados y vinculados a través de la criptografía, una forma de comunicación segura.

Wikipedia va más allá al afirmar que cada uno de los bloques en la blockchain tiene un puntero hash, una función especial que se utiliza para asignar datos y vincularlos al bloque anterior, una marca de tiempo fiable que rastrea de manera segura la creación y modificación de tiempo en relación con la creación de datos, y datos de transacciones. Esta explicación nos dice que una blockchain es un libro de contabilidad de distribución abierta y de acceso público que se utiliza para registrar transacciones de forma verificable y permanente.

Para que un libro de contabilidad blockchain sea distribuible, su administración debe estar en una red de igual a igual que se adhiera colectivamente a un protocolo preestablecido para validar nuevos bloques. En computación, un modelo de igual a igual es un modelo en el que la arquitectura de la aplicación que usa el modelo divide las tareas denominadas carga de trabajo a los iguales que usan la red. En este modelo, todos los pares tienen privilegios iguales y, al conectarse, forman una red de igual a igual que consta de nodos.

La tecnología blockchain utiliza un libro de contabilidad distribuido. Esto significa que todos los pares tienen acceso abierto e igual al libro de contabilidad; también significa que, si un par cambia algo en el libro de contabilidad, los cambios serán visibles para todos los pares, ya que la red valida colectivamente la creación de nuevas entradas dentro de la red. Una vez registradas en la cadena, las transacciones son inmutables y un intento de cambiar un elemento del bloque llevará a la alteración de todos los bloques anteriores y posteriores.

En las sociedades modernas, el uso más conocido de la tecnología blockchain es un factor facilitador en la creación y gestión de criptomonedas como Bitcoins, Litecoins y similares, algo que discutiremos más adelante.

En pocas palabras, una blockchain es un libro de contabilidad que se utiliza para registrar transacciones en muchas computadoras o en una red de computadoras. El propósito de esto es asegurarse de que, debido a la distribución de igual a igual del libro de contabilidad, ninguna persona puede realizar cambios encubiertos en el libro de contabilidad. La tecnología encuentra usos variados en los registros y verificación de transacciones en línea.

Este mismo hecho, el hecho de que están descentralizados (ya que ninguna persona tiene control explícito sobre el libro de contabilidad), es una de las diferencias clave entre las monedas fiduciarias (las monedas fiduciarias están controladas por el gobierno y son moneda de curso legal respaldada, como el dólar, la libra, y la mayoría de las monedas del mundo), y todas las monedas que se basan en la tecnología blockchain.

El aspecto de igual a igual de la tecnología blockchain juega un papel central en su uso. Sin los pares que verifican y auditan todas las transacciones, cualquier persona con acceso puede alterar las transacciones, cambiando así todos los aspectos del libro de contabilidad, lo que puede conducir a un posible fallo de la red.

Para que la tecnología blockchain pueda usar el modelo de igual a igual con éxito, el registro y la verificación de todas las transacciones tiene que ser relativamente barato. Para garantizar esto, la tecnología utiliza una colaboración masiva y un interés colectivo para todos los involucrados en la recopilación de los datos en la blockchain.

En el modelo de criptomonedas, uno de los principales usos de la tecnología blockchain, algo que cambia a diario a medida que el mundo comienza a adoptar la tecnología blockchain en otras áreas como la **escritura** y la **salud**, se traduce en compartir los recursos creados después de registrar un bloque completo, algo que llamamos **minería**.

En este modelo, el interés colectivo son las monedas generadas por las transacciones de registro, lo que también conduce a la creación de un nuevo bloque y sus activos residuales, en este caso, criptomonedas en forma de monedas. Los pares también comparten el coste de las transacciones de registro. Debido a que los participantes de la red de pares obtienen recompensas en forma de monedas, el resultado es un flujo de trabajo dinámico en el que, debido a que la red no está centralizada, los que la usan no están demasiado preocupados por las violaciones de seguridad.

Una de las razones por las que la tecnología blockchain está encontrando una amplia adopción en la creación de criptomonedas y activos digitales es su capacidad para eliminar la reproducibilidad infinita de estos activos. Debido a que el propósito del libro de contabilidad descentralizado es garantizar que cada par juegue un papel en la confirmación de que cada transacción ocurra solo una vez, blockchain crea una solución para el doble gasto, un problema de vasta información asociado con los activos digitales. Muchos expertos también describen blockchain como un protocolo de intercambio de valor en el que la finalización del intercambio de valor es más barata y más rápida que los sistemas tradicionales como las transferencias electrónicas.

La base de datos que compone la blockchain tiene dos tipos de registros: bloques y transacciones. Los bloques contienen conjuntos de transacciones válidas hash y codificadas crípticamente en un árbol de Merkle, que en criptografía es una forma de árbol donde un bloque de datos caracteriza a cada nodo de hoja y un hash criptográfico de la etiqueta de nodo secundario caracteriza a los nodos sin hoja. Un árbol hash (o muchos de ellos), permite la verificación segura y eficiente del contenido almacenado en el bloque.

Los bloques individuales tienen un hash del bloque anterior en la cadena de bloques. Este hash entrelaza los dos bloques. Una vez interconectados, los bloques forman una cadena; la cadena hace posible confirmar la integridad del bloque anterior hasta el bloque original. Un cambio singular en cualquiera de estos bloques conduciría a cambios en todos los bloques creados y registrados, y en aquellos que aún no se han constituido.

Dependiendo de cómo los pares utilizan la blockchain (quizás para crear monedas digitales o registrar y verificar datos), algunas aplicaciones basadas en blockchain pueden crear nuevos bloques cada 5 segundos, mientras que otros pueden demorar hasta 10 minutos o más. En otros casos, la producción de bloques separados puede ocurrir simultáneamente. A medida que una blockchain madura, también crece en altura.

Además de usar un historial seguro basado en hash, las blockchains usan un algoritmo específico para calificar diferentes versiones del historial. El resultado de esto es que en los casos en que un bloque tiene un valor más alto que los otros, los pares pueden seleccionar el bloque de mayor valor. Los bloques no incluidos en la cadena terminan huérfanos (llamados bloques huérfanos).

Dado que el interés propio es lo que impulsa a los pares, a pesar de tener diferentes versiones del historial, los pares solo mantienen la versión con la puntuación más alta de la base de datos. Cuando los pares obtienen una versión con mayor puntuación del historial, realizan mejoras en la base de datos que tienen en su poder al sobrescribir o ampliar la información que contiene; luego comparten las mejoras con la red de pares. El aspecto más importante de esto es que, incluso en los casos en que los pares realizan cambios en el historial, la entrada puede no ser la misma o la mejor versión, ya que los pares pueden modificarla.

Por diseño, las blockchains son seguras, ya que utilizan la criptografía. Debido a que utilizan redes de igual a igual, son el ejemplo perfecto de computación distribuida. La descentralización, un elemento clave de la blockchain, significa que encuentra uso en muchas áreas distintas al registro de eventos. Por ejemplo, y como se mostró anteriormente, puede resultar muy útil en la gestión de registros, la trazabilidad de los alimentos, los registros médicos y otras áreas como la gestión de identidades.

Ahora que tenemos una comprensión justa de lo que es la blockchain, veamos cómo surgió.

Historia de la Blockchain

Aunque Satoshi Nakamoto, el creador de Bitcoin, se lleva a casa el trofeo por crear la primera aplicación ampliamente aceptada con la tecnología de blockchain, blockchain tiene una larga historia que le precedió (todavía se lleva el mérito por crear la primera forma utilizable de blockchain. De hecho, la mayoría de las aplicaciones que usan esta tecnología hoy en día utilizan lo que él pudo lograr como punto de referencia).

En 1991, Stuart Haber y W. Scott Stornetta escribieron un artículo que describía una cadena de bloques criptográficamente segura. En el año siguiente, como una forma de mejorar la eficiencia de la capacidad de recopilar varios de los documentos en un bloque, los dos introdujeron los **árboles Merkle**.

En 2008, **Satoshi Nakamoto** conceptualizó la primera forma distribuida del blockchain. En el año siguiente, él implementó esto para crear la moneda Bitcoin. En Bitcoin, la blockchain sirvió para ser el mecanismo de gestión del libro de contabilidad distribuido públicamente para todas las transacciones financieras entre pares. En este sentido, el sistema usó el modelado de igual a igual y una marca de tiempo distribuida para asegurarse de que la administración de la base de datos de Bitcoin permaneciera autónoma. El uso de blockchain en la creación de Bitcoin demostró ser la clave para resolver el problema del doble gasto, algo muy común con las monedas digitales en aquellos días, sin la necesidad de una administración segura.

En su **artículo inicial publicado en 2008**, Satoshi (la identidad de Satoshi aún se desconoce; algunos piensan que es un hombre que vive en Japón, mientras que otros consideran a Satoshi como seudónimo de un grupo), usó los términos bloque y cadena en ocasiones separadas y por separado. Cuando otros empezaron a usar lo que había logrado, utilizaron el término block chain y en 2016, el término se convirtió en uno: blockchain.

En 2014, solo seis años después de la conceptualización de Bitcoin, la primera aplicación que se ejecuta en la tecnología blockchain (Bitcoin y blockchain no son mutuamente exclusivas y, como ya sabe, Bitcoin no es el único uso de la tecnología blockchain), el tamaño de la blockchain de Bitcoin era de más de 20 gigabytes. A medida que aumentó el uso de la moneda, el tamaño del archivo aumentó a más de 30 gigabytes en enero del año siguiente (2015), un tamaño que había aumentado a más de 100 gigabytes en 2017.

El 2014 trajo consigo un nuevo término: blockchain 2.0, un término usado para referirse a aplicaciones (distintas de Bitcoin) que usan la tecnología de blockchain llamada **Ethereum**. Un artículo de opinión publicado en The Economist describió la implementación de estas aplicaciones de nueva generación de la siguiente manera: *"blockchain 2.0 es un tipo de lenguaje de programación que permite a los usuarios escribir contratos inteligentes sofisticados. Estos contratos inteligentes permiten la creación de facturas que se pagan a sí mismas a la llegada de un envío o certificados de acciones que envían automáticamente dividendos a sus propietarios si las ganancias alcanzan un cierto nivel".*

Si bien esta definición es muy cierta, la aplicación de las aplicaciones blockchain 2.0 va más allá de la transacción. Permiten el intercambio de valor entre pares sin la necesidad explícita de intermediarios poderosos, como bancos que actúan como árbitros o que mantienen registros de transacciones o información. Estas aplicaciones permiten que aquellos que de otra manera no tendrían acceso a monedas globales como el dólar o la libra, desempeñen un papel igual en el comercio y la economía global. A través de contratos inteligentes y criptografía, estas plataformas también fomentan la protección de la privacidad (por lo que en sus inicios, los delincuentes en el **sitio web de la Ruta de la Seda** utilizaron Bitcoin como su medio de comercio preferido).

Las aplicaciones que usan blockchain 2.0 hacen que el almacenamiento de la identificación individual y de una persona sea más fácil y seguro. Debido a esto, están ayudando a dar forma al dinero futuro, a la distribución de la riqueza y a aliviar la desigualdad de la riqueza.

Un Desarrollo Cronológico de Tecnologías Relacionadas con Blockchain

No podemos dejar de mencionar que en los 10 años que ha existido la innovación de blockchain, ha pasado por algunos cambios y ha visto la introducción de varias tecnologías nuevas que lo han convertido en lo que es hoy. Aquí se ofrece una visión cronológica de estos cambios:

1. La primera innovación importante de la tecnología se produjo cuando Satoshi presentó Bitcoin, la primera aplicación exitosa en usar la tecnología blockchain. Introducido en un mundo en extrema necesidad de una moneda descentralizada, la amplia adopción de Bitcoins ha hecho que su capitalización de mercado aumente a más de $20 mil millones. Hoy en día, miles de personas en todo el mundo están usando esta moneda basada en blockchain para realizar pagos y compras en línea.

2. Después del desarrollo de Bitcoin, vino el reconocimiento de que la tecnología subyacente podía aplicarse a muchas otras áreas y que la tecnología en sí no era sinónimo de Bitcoins.

Muchas instituciones financieras líderes en el mundo están investigando actualmente cómo pueden integrar la tecnología en sus ofertas financieras y aplicaciones internas. Según una investigación realizada por Fortune.com, **aproximadamente el 15% de los principales bancos** están estudiando cómo pueden integrar la tecnología en sus procesos.

3. La tercera innovación importante en el desarrollo de blockchain fue la introducción de contratos inteligentes. En pocas palabras, un contrato inteligente es un protocolo informático cuyo objetivo es facilitar, hacer cumplir y verificar las negociaciones contractuales. De todos los contratos inteligentes introducidos, la plataforma de blockchain de Ethereum es la más prominente. Hablaremos sobre su desarrollo y aplicación más adelante. Ethereum incorporó múltiples programas de segunda generación en la plataforma de blockchain para permitir la transferencia de préstamos, bonos y otros instrumentos financieros. El desarrollo de **Ethereum surgió por necesidad**.

4. La cuarta innovación, que es la que usan muchas de las aplicaciones de blockchain 2.0 que existen hoy en día, es una prueba de participación. Aplicaciones como Bitcoin (la versión actual de la misma), usan algo llamado prueba de trabajo. En el mundo de blockchain, la prueba de trabajo son datos que son fáciles de verificar en función de ciertos requisitos, pero que son difíciles o costosos de producir. La prueba de trabajo produjo el aspecto de la minería en la que una computadora o grupo de computadoras en red con la mayor potencia informática tomaría las decisiones en eso, dado que tenían la mayor potencia, podían proporcionar una prueba segura de trabajo más rápido para todas las transacciones de blockchain, como las transferencias de criptomonedas o pagos. Por sus servicios, estas computadoras ganan criptomonedas; esto explica por qué la minería de criptomonedas se ha vuelto popular.

Estas cuatro son las principales etapas de desarrollo de blockchain. Los expertos también están de acuerdo en que, en los próximos días, la escala blockchain es otra innovación revolucionaria que cambiará la tecnología blockchain. Aquí es cómo esto se llevará a cabo.

Ya hemos establecido que una blockchain es un libro contable administrado de igual a igual en el que residen las transacciones registradas por las computadoras en la red. Como también hemos visto, el procesamiento de estas transacciones utiliza la potencia de cómputo de cada computadora en la red, algo que ha resultado lento y bastante costoso de administrar (por lo que **la minería de criptomonedas no es tan lucrativa como solía ser).**

Debido a lo anterior, la escala de blockchain, una nueva forma de innovación de blockchain, está al llegar. Esta innovación pretende acelerar la velocidad a la que las computadoras de la red registran los datos en bloques, todo esto sin sacrificar la seguridad o la integridad del bloque. Para hacer esto, la escala de blockchain intenta interrogar a la red para determinar la cantidad de computadoras necesarias para validar transacciones individuales y, al usar este número base, dividir el trabajo en partes iguales entre todas las computadoras en la red. Como puede imaginar, esto conducirá a una mayor eficiencia. Esta tecnología, si llega a buen término, lo que probablemente será muy pronto, rivalizará con tecnologías como SWIFT y VISA, y desempeñará un papel integral en la potenciación del **Internet de las cosas.**

Lo anterior es una representación de cómo ha cambiado blockchain en los últimos 10 años gracias al trabajo de un grupo élite de matemáticos, criptógrafos y científicos de la computación que trabajan para mejorar esta **innovación disruptiva**. A medida que la innovación continúa mejorando, está cambiando muchas cosas sobre cómo vivimos nuestra vida diaria. Por ejemplo, muchos expertos en el campo opinan que, a medida que se produzcan estos avances, el futuro puede vernos **usando tecnologías blockchain para pagar servicios como estaciones de carga y plataformas de aterrizaje** para autos y drones automáticos.

Ahora que estamos hablando de cómo la tecnología blockchain está cambiando el futuro del dinero, no podemos dejar de hablar de **Ethereum**, la otra innovación de blockchain que está cambiando nuestra percepción de la cadena de bloques como una tecnología predominantemente de desarrollo de divisas. Antes de hacerlo, sin embargo, analicemos los beneficios de la tecnología blockchain.

Beneficios de La Tecnología Blockchain

Además de ser la columna vertebral sobre la que descansan las criptomonedas, como Bitcoin, la tecnología blockchain tiene un gran número de usos cuyos beneficios superan a los de las criptomonedas y su creación. Discutamos algunos de estos beneficios antes de hablar sobre Ethereum en la siguiente sección.

La necesidad de blockchain no es tan evidente como lo sería porque, como muchos postulados, puede usar un software o plataforma como Google o bases de datos para registrar transacciones. Si bien las bases de datos no tienen fallos, blockchain ha demostrado ser efectivo y beneficioso. Estos son algunos de sus beneficios clave:

Totalmente Distribuido

Este es uno de los beneficios clave de la tecnología blockchain. Como se ilustra muchas veces en esta guía, los participantes en cualquier aplicación de blockchain, quizás la minería o el comercio de Bitcoin, tendrán acceso a una copia de la blockchain más actual.

También se distribuye la minería de las monedas que utilizan estas tecnologías. Esto significa que, en cualquier momento, ninguna computadora (sin importar cuán poderosa sea) puede dominar la red. Si ese fuera el caso, las computadoras más poderosas harían toda la minería y acapararían todas las monedas creadas sin dejar nada para el hobby minero. La naturaleza distribuida de la blockchain hace esto imposible.

Uso de la Verificación Descentralizada

Hemos hablado sobre cómo se descentralizan las monedas y las aplicaciones que utilizan la tecnología blockchain. Este aspecto de la innovación elimina la necesidad de una autoridad central como un banco central; tener que realizar transacciones a través de una base de datos central puede ser limitante en términos del tiempo en que demora la transacción.

Seguridad Mejorada

En un Internet ampliamente corrupto donde algunas personas utilizan estrategias de blackhat para engañar a los usuarios para que les proporcionen información de su banco y de su tarjeta de crédito, una forma anónima de pagar por bienes y servicios resulta muy útil. Dado que muchos compradores en línea buscan el anonimato por encima de todo lo demás, están recurriendo a las monedas de blockchain como Bitcoins y Ether, ya que estas monedas utilizan algoritmos complejos criptográficamente seguros para registrar todas las transacciones sin comprometer la identidad personal. Para hacer y recibir monedas basadas en blockchain, todo lo que necesita es una dirección. Esto reduce el riesgo de fraude.

Barrera de Entrada Baja

Este es uno de los beneficios clave de la innovación de blockchain: permite que cualquier persona use la red; cualquier persona que tenga una computadora o teléfono inteligente conectado a Internet puede usar blockchain y Bitcoins siempre que él o ella descargue el software del cliente.

Capacidades Transaccionales en Tiempo Real

Esperar tres o más días para que una transacción se refleje en su cuenta bancaria o de cuenta es un problema que muchos usuarios desean evitar siempre que pueden: los consumidores de hoy quieren resultados inmediatos después de realizar cualquier compra; quieren que la transacción se refleje en sus cuentas casi inmediatamente.

La tecnología blockchain hace posible realizar pagos de manera inmediata o en 10 minutos, lo cual, al considerar el tiempo que tardan las tarjetas de crédito en procesar las transacciones, es la mejor opción disponible en la actualidad.

Operaciones y comercio globales mejorados

Teniendo en cuenta que vivimos en un mundo interconectado donde alguien en Estados Unidos puede hacer negocios con alguien que vive en el punto más lejano de África, la necesidad de las transacciones rápidas nunca ha sido tan alta. Las monedas basadas en blockchain mejoran este comercio intercontinental al mejorar la velocidad de las transacciones y reducir las tarifas que se cobran al enviar dinero de una persona o empresa a la otra.

Elimina el problema del doble gasto

Esto es algo de lo que hablamos anteriormente como una de las ventajas clave de la tecnología blockchain. También hemos mencionado que las aplicaciones que utilizan blockchain, utilizan la criptografía para asegurar el sistema y evitar la duplicación de transacciones (especialmente las monetarias) para garantizar que los usuarios del sistema no produzcan dinero de la nada.

El sistema procesa cada transacción una vez antes de ingresarla en un bloque y vincular el bloque a la cadena. Una vez procesado y registrado en la blockchain, el sistema no puede procesar esa transacción nuevamente; esto elimina la redundancia tan común con los registros de la mayoría de los sistemas bancarios modernos. Además, debido a que la disposición de los bloques utiliza una forma lineal y cronológica, el seguimiento de las transacciones se vuelve muy sencillo.

Bajos Costes de Transacción

Una de las razones principales por las que la utilización de las criptomonedas como Bitcoins y Litecoins ha aumentado rápidamente es que la mayoría de estas monedas tienen las tasas de transferencia más bajas que se puedan imaginar. Esto funciona muy bien con los consumidores que buscan ahorrar dinero en tarifas transaccionales cuando compran.

Los enlaces a continuación, muestran cómo calcular las tarifas de transacción para ether y Bitcoins.

https://ethereum.stackexchange.com/questions/19665/how-to-calculate-transaction-fee

https://en.bitcoin.it/wiki/Transaction_fees

https://bitcoinfees.21.co/

Quienes abogan por la tecnología blockchain y lideran su uso, se apresuran a señalar que la aplicabilidad de la innovación va más allá de las transacciones de Bitcoin o financieras. Por ejemplo, muchos de los involucrados se apresuran a señalar que **blockchain desempeñará un papel integral en las elecciones del futuro** (lea más aquí).

Sin embargo, como todas las nuevas tecnologías, hay quienes sienten que la tecnología tiene una buena cantidad de inconvenientes, especialmente su capacidad para adaptarse al rápido consumo y al aumento en el número de transacciones. Dado que la mayoría de las aplicaciones que utilizan esta tecnología crean un promedio de 61 bloques nuevos cada 10 minutos, cada sistema individual crea un promedio de 144 bloques por día. Para los precavidos, esto es algo que consideran problemático porque puede influir en el almacenamiento y la velocidad de la transacción, lo que puede llevar a problemas de actualización y sincronización.

Vamos a desarrollar algunos de los inconvenientes de la tecnología blockchain y discutir sus posibles soluciones:

Desventajas de usar La Tecnología Blockchain

Si bien la blockchain tiene muchos usos y una inmensa cantidad de beneficios, también tiene sus inconvenientes. En esta subsección, veremos estas desventajas y también cómo superarlas:

Rendimiento

El primer problema que muchos señalan rápidamente es el problema del rendimiento. Algunos expertos en el campo de las finanzas señalan que, en comparación con la velocidad de las bases de datos centralizadas, especialmente en relación con los registros de transacciones, la blockchain es más lenta porque, además de registrar una transacción como lo hace una base de datos normal, también tiene que hacer otras tres cosas:

1. **Verificar firma:** Cada transacción de blockchain debe tener una firma digital que use un esquema criptográfico público-privado (un buen ejemplo es la firma **ECDSA**). Sin esta firma, sería imposible probar el origen de las transacciones propagadas en los nodos de la red de igual a igual. Como puede adivinar, la generación y verificación de estas firmas requiere una gran cantidad de potencia de la computadora y, dado que las firmas son complejas, su cálculo puede tardar, lo que ralentiza el registro de las transacciones. En comparación, las bases de datos centralizadas (las normales) no tienen que lidiar con este problema porque, después del establecimiento de una conexión con las bases de datos, elimina la necesidad de una verificación individual de las solicitudes que vienen sobre esto.

Posible solución: Una posible solución para esto es el cambio a la **prueba de participación**, que agilizaría las transacciones y eliminaría la necesidad de tener nodos en la red que verifiquen las transacciones individuales.

2. **Mecanismo de Consenso:** Una de las características clave de blockchain es que supervisa los nodos (computadoras) en la red y, utilizando parte de la potencia informática de la red, se asegura de que los nodos dentro de la red alcancen el consenso. Lograr este consenso significa que tiene que haber una comunicación significativa de ida y vuelta entre todos los nodos y puede implicar tratar con las bifurcaciones y sus

efectos en la blockchain. Esto puede causar una desaceleración del proceso de transacción. Si bien las bases de datos centralizadas tradicionales también tienen que lidiar con transacciones abortadas y conflictivas, debido a que la base de datos está centralizada, estas son pocas.

Posible solución: El mecanismo de consenso tiene que ver con la prueba de trabajo. A medida que el sistema se aleja de la prueba de trabajo a la prueba de participación, está obligado a eliminar los obstáculos que lo acompañan.

Los enlaces a continuación, detallan información crítica sobre los diversos mecanismos de consenso utilizados por varias aplicaciones de blockchain:

https://www.linkedin.com/pulse/types-consensus-mechanism-used-blockchain-munish-singh/

https://bitmalta.com/blockchain-consensus/

3. **Redundancia:** En este sentido, la redundancia no significa necesariamente el rendimiento de nodos individuales en la red; significa la cantidad de potencia informática requerida para computar una blockchain. Cada nodo en la red de blockchain debe procesar cada nodo individualmente, algo que no afecta a las bases de datos centralizadas que procesan transacciones individuales justas. En la red de blockchain, esto significa más trabajo para los mismos resultados, lo que, como puede adivinar, conduce a procesos más lentos.

Posible solución: Una vez más, la mayoría de las aplicaciones y tecnologías de blockchain utilizan pruebas de trabajo para verificar las transacciones. Un movimiento hacia la prueba de participación y otro mecanismo de consenso eliminaría esto y llevaría consigo los inconvenientes.

Para obtener más información sobre el tiempo promedio que tarda la red de blockchain en registrar transacciones, lea el contenido detallado en los enlaces a continuación.

https://coincenter.org/entry/how-long-does-it-take-for-a-bitcoin-transaction-to-be-confirmed

https://bitcoin.stackexchange.com/questions/7323/how-long-does-it-take-on-average-to-receive-one-confirmation-is-it-still-revers

Energía

Muchos han promocionado la tecnología blockchain como la respuesta al calentamiento global porque proporciona una moneda transparente no basada en el consumo. Algunos opinan que la innovación tal como está implementada actualmente, donde los nodos de computadoras distribuidos por todo el mundo tienen que registrar todas las transacciones mediante la prueba de trabajo, deja una huella de carbono masiva porque todas las computadoras de la red tienen que usar energía. De hecho, algunos expertos se apresuran a señalar que la potencia de igual a igual utilizada para procesar Bitcoins es superior a la de las computadoras más rápidas del mundo combinadas.

Posible solución: Una posible solución a esto es alejarse de la prueba de trabajo, eliminando así la necesidad de minar, y pasar a otros mecanismos de consenso que no requieran potencia informática combinada. Si bien esta solución pudiese no llegar pronto, lo hará, y cuando lo haga, cambiará todo.

La otra solución es una compensación entre la seguridad y el tamaño, donde quienes lideran el desarrollo de la tecnología pueden cambiar la seguridad por el tamaño. La desventaja de esto es que, cuantos más nodos tenga en la red, más seguro estará; sin embargo, en un caso en el que usted solo desea una parte de los datos en la blockchain, tal vez sería mejor tener una red más pequeña pero más rápida. Esto significa que las instituciones como los bancos pueden configurar sus redes de blockchain más pequeñas y, al hacerlo, ahorrar en costes de energía y aumentar la tasa de registro de transacciones.

Interoperabilidad

La interoperabilidad, asegurarse de que la red y los datos en ella tengan estándares y no sean un montón de cosas, es una preocupación creciente. Dado que la tecnología de blockchain es de código abierto y cualquiera puede usarla para crear cualquier aplicación de blockchain que desee mientras la modifica en consecuencia, no hay estándares establecidos para la tecnología, y las plataformas de blockchain de la competencia pueden usarla como lo deseen. Los cambios y ajustes individuales hacen que sea imposible para las tecnologías de blockchain que compiten lograr un nivel de interoperabilidad.

Posible solución: Una posible solución para esto sería que todos los desarrolladores de aplicaciones basadas en blockchain logren el consenso y hagan que sus aplicaciones individuales sean compatibles con la web más amplia; pueden hacerlo integrando sus aplicaciones en los procesos y prácticas existentes.

Privacidad

Aunque la mayoría de las aplicaciones que usan la tecnología blockchain como su eje central utilizan la criptografía para proteger los datos, la privacidad es una preocupación clave, ya que la blockchain es un libro de contabilidad visible públicamente. Este nivel de apertura no es lo que cualquiera consideraría la forma más segura de almacenar datos confidenciales.

Como ejemplo, la blockchain/base de datos de Bitcoin tiene un registro de todas las transacciones realizadas en la plataforma. Esta información está abierta para que todos la vean, lo que también significa que cualquiera puede usar la misma información en contra de otra persona. Un caso en cuestión es el Departamento de Trabajo y Pensiones. En mayo de 2016, comenzaron a usar el blockchain para rastrear cómo los solicitantes usan sus beneficios.

Al usted considerar que, cuando realiza transacciones a través de la blockchain de Bitcoin, está publicando su extracto bancario en línea para que todos lo vean, seguramente surgirán preocupaciones de privacidad.

Posible solución: Una posible solución para esto sería utilizar un código criptográfico complejo para asegurarse de que las transacciones sean seguras y que nadie pueda controlar el sistema o usar la información que contiene para poner en desventaja a otra persona. Otra posible solución sería la mezcla de Bitcoin.

El siguiente enlace tiene algunas ideas geniales sobre cómo mejorar la privacidad de la blockchain de Bitcoin (los principios también se aplican a otras tecnologías blockchain).

https://coinsutra.com/anonymous-bitcoin-transactions/

Cambiando Verdades

La blockchain opera bajo la premisa de que toda la información registrada en ella es una verdad eterna y seguirá siéndolo. La realidad, como usted bien sabe, es más extensa que eso. De hecho, algunas jurisdicciones como la UE y el Reino Unido tienen leyes que detallan el derecho a ser olvidado. Por ejemplo, en el Reino Unido, si cambia su género, tiene el derecho de reflejar lo mismo a lo largo de la historia (registros de nacimiento, bautismo, etc.).

Si una institución gubernamental que ofrece servicios gubernamentales, como los registros de nacimiento, utiliza un libro de contabilidad de blockchain, eso significaría que sería imposible cambiar dicha información y hacerlo daría lugar a la creación de una bifurcación, como fue el caso del **proyecto DAO**.

Cifrado

Uno de los puntos principales que hemos mencionado repetidamente es que la mayoría de las aplicaciones en la tecnología blockchain utiliza la criptografía para cifrar la información. Este cifrado crea una serie de problemas. Por un lado, cualquier persona con una clave (tal vez un superusuario, como la persona responsable de crear la aplicación específica de blockchain, es decir, alguien que conozca sus modalidades de trabajo internas) puede acceder a los datos encriptados (también puede hacerlo si la clave se hace pública). El otro problema es que, si alguien pierde la clave que desbloquea la blockchain, esa blockchain sería inútil y difícil, si no imposible de recuperar.

Como lo demostró el acceso ilegal en el proyecto DAO, el cifrado, sin importar lo fuerte que sea, es vulnerable, ya sea a través de la explotación de puertas traseras y lagunas, o mediante el uso de nuevas tecnologías. Por ejemplo, incluso con la inmensa potencia informática de igual a igual, una tecnología como la informática cuántica (una vez desarrollada), puede sorprender la red de igual a igual y dominarla, haciéndola así vulnerable. Por lo tanto, decir que podemos usar la criptografía para cifrar los datos en la blockchain puede no ser suficiente en sí misma, ya que la gente siempre estará buscando formas de descifrar los datos cifrados.

Posible solución: Una posible solución para esto sería asegurarse de que la clave que desbloquea una blockchain encriptada no caiga en las manos equivocadas (lo cual significa que no debería ser pública, lo que en sí misma presenta un problema al ver cómo la blockchain es un libro de contabilidad abierto).

Otra solución para esto es implementar fuertes leyes y estrategias de protección de la privacidad. El siguiente enlace tiene una visión muy valiosa de esto:

https://github.com/ethereum/wiki/wiki/Problems

Entradas Ilegales

Considere una instancia en la que alguien con intenciones maliciosas incrusta datos ilegales en una blockchain. Eso haría que toda la blockchain sea ilegal. También significaría que cualquier persona en la blockchain sería culpable de infringir la ley y, por lo tanto, culpable.

Por ejemplo, James Smith, Jefe de Programa de Laboratorios de ODI y coautor de un informe llamado **"Aplicación De La Tecnología Blockchain en La Infraestructura Global de Datos"**, agregó una clave de cifrado ilegal para DVD de alta definición en PlayStation a la blockchain. Hasta la fecha, nadie se preocupa por esto y la blockchain sobre la que descansa la clave de cifrado ilegal está en la máquina de todos.

Descubriendo Información

La base de datos de blockchain tiene implementadas formas de registrar datos (a través del poder de cómputo de los nodos en la red). Sin embargo, el uso de los datos no es tan fácil ya que, para usar los datos, tiene que encontrar los datos que pretende utilizar.

Si bien es posible indexar la blockchain en las bases de datos de búsqueda, encontrar información específica de manera fiable requeriría que los participantes en la red tengan el mismo historial de blockchain almacenado en sus nodos y un índice de búsqueda capaz creado a partir de esta blockchain. Lograr un índice de búsqueda distribuido es algo que la tecnología aún no ha explorado.

Posible solución: Una posible solución para el descubrimiento de información sería tener un sitio con un índice de búsqueda para la cadena. Esto también puede llevar a posibles problemas, ya que no muchos estarían dispuestos a confiar en ese sitio. La solución duradera sería integrar una función de búsqueda capaz en la blockchain.

Los siguientes enlaces enumeran una serie de otros problemas relacionados con blockchain y sus posibles soluciones:

https://appliedblockchain.com/outstanding-challenges-in-blockchain-2017/

https://www.coindesk.com/information/blockchains-issues-limitations/

https://www.kaspersky.com/blog/bitcoin-blockchain-issues/18019/

https://techcrunch.com/2016/02/03/lets-be-honest-about-the-problems-with-blockchain-and-finance/

Ahora que hemos eliminado las posibles deficiencias de la blockchain, analicemos Ethereum, la otra tecnología de blockchain que está arrasando en el mundo y, luego, analicemos cómo puede comenzar a usar la blockchain.

Sección 3

Guía de Ethereum Para Principiantes

Anteriormente, mencionamos que los fallos percibidos de la tecnología de blockchain que se utiliza para crear Bitcoin son los que llevaron a la creación de Ethereum. ¿Qué es Ethereum? ¿Y es lo mismo que Bitcoin? Veamos esto:

Entendiendo Ethereum

En primer lugar, Ethereum no es una tecnología nueva per se. En lo que respecta a las definiciones, Ethereum es una plataforma informática distribuida, de código abierto y público, (lo que significa que cualquiera puede usar el código fuente y la tecnología subyacente), basada en blockchain que utiliza una funcionalidad de script llamada **contratos** inteligentes.

Como se indicó anteriormente, un contrato inteligente, una tecnología propuesta por primera vez por Nick Szabo en 1996, es un protocolo de computadora cuyo propósito es facilitar, hacer cumplir y verificar el desempeño o la negociación de un contrato; la plataforma de blockchain Ethereum representa su implementación más destacada.

Volviendo a Ethereum, la tecnología descentralizada ofrece la **Máquina Virtual de Ethereum** (EVM), una máquina virtual que tiene la capacidad de ofrecer la integridad de Turing, que, en la teoría de la computabilidad, es un sistema de reglas de manipulación de datos, y la capacidad de ejecutar estas reglas de manipulación de datos (scripts) mediante una red internacional de nodos públicos.

Dado que utiliza la tecnología blockchain (y para motivar a quienes participan en la red de igual a igual), Ethereum también ofrece ether, una forma de criptomoneda que se parece mucho a Bitcoin (lo que significa que es transferible) y se utiliza para compensar a los participantes en el cómputo de nodos. Para mitigar el correo no deseado y asignar adecuadamente los recursos a las computadoras en la red, la plataforma utiliza un mecanismo de precios interno llamado Gas.

Cómo Se Desarrolló Ethereum

La pregunta de cómo se originó Ethereum es probable que se manifieste en el momento en que dos o más personas hablen sobre las etapas de desarrollo de la tecnología blockchain. Como indicamos anteriormente, Ethereum se desarrolló principalmente debido a las deficiencias percibidas de la tecnología blockchain que se utiliza para crear Bitcoins.

La primera mención de Ethereum es **en un artículo escrito en 2013 por Vitalik Buterin**, un programador involucrado en el desarrollo de Bitcoin (cofundó la **revista Bitcoin**, un sitio web de noticias de Bitcoin, trabajó para Egora y cifró para **Dark Wallet**).

Vitalik sostiene que su deseo de desarrollar la plataforma surgió de la necesidad de tener un lenguaje de programación integrado en la tecnología blockchain para permitir el desarrollo de aplicaciones descentralizadas. Después de no lograr un acuerdo sobre la inclusión de la misma en la tecnología blockchain existente que se utiliza para crear Bitcoins, desarrolló Ethereum, una plataforma que tenía un lenguaje de programación más generalizado.

Contrariamente a la creencia popular, Ethereum y Bitcoin no son lo mismo (como se mencionó anteriormente, Ethereum tiene una moneda interna llamada ether). Si bien los dos son iguales, ya que ambos son redes de blockchain distribuidas públicamente, su propósito y capacidad difieren sustancialmente.

Bitcoin es solo una aplicación de la tecnología blockchain; permite transferencias electrónicas de efectivo entre pares (piense en la tecnología blockchain como una cebolla y Bitcoin como una capa de la cebolla). Mientras que la blockchain de Bitcoin usa la tecnología para rastrear la propiedad y la transferencia de las criptomonedas, la plataforma de la blockchain Ethereum se centra en ejecutar aplicaciones descentralizadas. En esta última, además de la minería para el ether, la criptomoneda interna en Ethereum, los pares que intentan minar ofrecen su poder de cómputo y, a cambio, ganan el ether. Además de comercializar esta criptomoneda, los desarrolladores de aplicaciones lo utilizan para pagar tarifas de transacción y servicios en la red Ethereum.

Para obtener más información sobre qué es Ethereum y su propósito, lea el siguiente recurso útil:

https://www.coindesk.com/information/what-is-ethereum/

Cómo Funciona Ethereum

Habiendo explicado qué es Ethereum y cómo surgió, avancemos un paso más y describamos sus modalidades internas de trabajo.

Hemos establecido que Ethereum tiene como objetivo crear aplicaciones descentralizadas, algo que hace usando una versión modificada de la blockchain utilizada por el protocolo de bitcoin; estos ajustes abren la plataforma y le dan usos que superan la utilidad monetaria como es común en Bitcoins.

Al utilizar el modelo de integridad de Turing, Ethereum tiene como objetivo ayudar a los desarrolladores a crear aplicaciones similares a cómo funcionan los Bitcoins, con la única diferencia de que permite a los desarrolladores crear nuevos pasos adicionales, reglas de propiedad y formatos transaccionales alternativos y estados de transferencia. Esto permite a los desarrolladores crear más programas o aplicaciones donde las transacciones de blockchain gobiernan y, hasta cierto punto, automatizan resultados específicos.

Para desmitificar cómo funciona esto, tenemos que ir un paso más allá y describir cómo los contratos inteligentes, algo que a menudo está envuelto en el misterio, funcionan:

Un contacto de opción entre las partes se escribe como código en la blockchain. Las personas involucradas son anónimas, pero el contacto es el libro de contabilidad público.

Se golpea un evento desencadenante como una fecha de vencimiento y un precio de ejercicio y el contrato se ejecuta de acuerdo con los términos codificados

Los reguladores pueden usar la blockchain para comprender la actividad en el mercado mientras mantienen la privacidad de las posiciones de los actores individuales

Cómo Funcionan los Contratos Inteligentes

Imagen cortesía de Blockgeeks.com

Desde una perspectiva global, el trabajo de un contrato general es delinear las modalidades de una relación de trabajo. Por ejemplo, si usted contrata a un contratista, el contrato que firme indicará los términos que rigen la relación de trabajo. En pocas palabras, un contrato inteligente es similar a este, con la diferencia de que esto utiliza un código criptográfico para hacer cumplir los términos del contrato. En otras palabras, un contrato inteligente es un programa que funciona (se ejecuta) según lo establecido por el/los creadores del contrato.

Considere lo siguiente:

Al utilizar monedas normales, como tarjetas de crédito para transferir dinero en línea, debe pagar a través de un intermediario y pagar al intermediario por ofrecer el servicio. Este obstáculo es uno de los que la tecnología de blockchain elimina gracias a su descentralización.

El contrato inteligente es fruto de **Nick Szabo**, un criptógrafo, quien en 1994 se dio cuenta de que el libro de contabilidad descentralizado podría encontrar uso para los contratos inteligentes, también llamados contratos de blockchain, contratos de ejecución automática o contratos digitales. Szabo planteó la hipótesis de que era posible convertir estos contratos en un código informático criptográficamente seguro y luego almacenarlos y replicarlos en un sistema supervisado por una red de computadoras que ejecutan el blockchain.

Los contratos inteligentes facilitan el intercambio de dinero, acciones, propiedades y otras cosas de valor de manera transparente (accesible al público) que está libre de la interferencia de intermediarios como los bancos (y las tarifas que cobran). Una forma más sencilla de describir los contratos inteligentes es comparándolos con nuestra forma de pago normal.

Supongamos que necesita los servicios de un abogado o contador. Esto es lo que normalmente sucede; usted paga por el servicio y luego espera para recibir la documentación. Los contratos inteligentes cambian esto; cuando realiza un pago a través de una moneda digital como ether o Bitcoin, coloca la moneda en el libro de contabilidad e inmediatamente después recibe el servicio (y los papeles) en su cuenta casi instantáneamente. El contrato inteligente hace cumplir automáticamente el acuerdo dentro del contrato. La plataforma Ethereum trabaja específicamente sobre los principios de los contratos inteligentes.

Cabe destacar que los Bitcoins fueron los primeros en ofrecer contratos inteligentes básicos, ya que permitieron la transferencia de valor de una persona a otra y debido a que la red de Bitcoin solo valida las transacciones cuando cumplen ciertas condiciones.

Considere la siguiente imagen cortesía de blockgeeks:

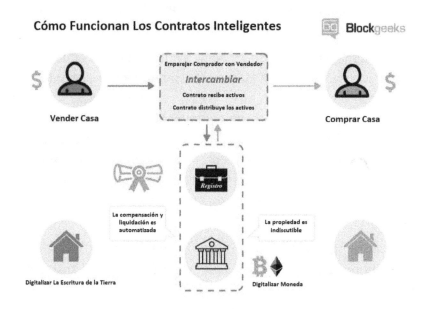

Imagen cortesía de Blockgeeks.com

Dado que Ethereum permite la creación de contratos inteligentes o, como los llama el documento de Ethereum, agentes autónomos, y el uso de la característica Turing completo, este ofrece soporte para un conjunto más amplio de instrucciones computacionales. Por ejemplo, los contratos inteligentes pueden:

1. Administrar los acuerdos entre los usuarios en una instancia en la que un usuario compra algo como el seguro del automóvil o del hogar del otro usuario.

2. Ofrecer una función similar a las cuentas de firma múltiple que requieren la autorización de un porcentaje específico de personas antes del uso de los fondos en ellas.

3. Actuar como utilidad a otros contratos.

4. Actuar como plataforma de almacenamiento de información para aplicaciones. Por ejemplo, puede almacenar la información de registro para registro de dominio o registros de membresía.

En relación con el punto 4 anterior, muchos expertos en el campo creen que los contratos inteligentes serán en cierta medida codependientes. Por ejemplo, hacer una apuesta sobre la temperatura de un día frío de invierno puede desencadenar una secuencia de otros contratos. Puede desencadenar un contrato inteligente que determinaría el clima y otro para liquidar la apuesta según la información recibida del contrato que determinó el clima. La ejecución de cada uno de estos contratos requeriría un código inteligente y la ejecución de cada contrato atrae los costos transaccionales de Ethernet. La máquina virtual de Ethereum no ejecuta contratos inteligentes que no tienen suficientes tarifas de transacción.

Volviendo a la blockchain de Ethereum, no podemos dejar de mencionar que su estructura es muy similar a la de la blockchain de Bitcoin, ya que ambos almacenan y comparten públicamente todas las transacciones registradas, y cada nodo (o computadora) en la red tiene una copia de esto en sus registros de historial.

La principal diferencia entre la blockchain de Bitcoin y Ethereum es que, en lugar de almacenar todo el historial en cada nodo (computadora), cada nodo de la blockchain de Ethereum almacena el estado del contrato inteligente más reciente y todas las transacciones de ether. Realiza un seguimiento del saldo de usuarios, el contrato de código inteligente y su ubicación de almacenamiento. En comparación, para rastrear cuántos Bitcoins posee alguien, el protocolo de la blockchain de bitcoin usa salidas de transacciones no gastadas.

Si bien esto puede parecer demasiado complejo, la idea subyacente es relativamente simple. Cada vez que alguien realiza una transacción de Bitcoin, el protocolo de Bitcoin divide la cantidad total y emite cambios cuando es necesario, de la misma manera que se comportan las monedas físicas o el papel moneda. Para transacciones futuras, la red debe agregar todas las piezas de cambio clasificadas como gastadas o no gastadas. Esta es una de las diferencias clave entre las cadenas de bloques de Ethereum y bitcoin: el Ethereum utiliza cuentas. Las fichas de ether son muy parecidas a los fondos en una cuenta bancaria (desde una perspectiva de apariencia) y, por lo tanto, son transferibles a otra cuenta o cartera sin tener lo que podríamos llamar una relación continua.

Hablando sobre esto, no podemos dejar de mencionar las aplicaciones de los contratos inteligentes.

Las Posibilidades de Aplicación Para Contratos Inteligentes

Si bien los contratos inteligentes tienen su parte justa de problemas, problemas como el código de buggy, la reacción del gobierno a tal descentralización y la incertidumbre sobre qué pasaría si alguien pirateara la red (como lo que ocurrió con la red Ethereum después del evento DAO y la eventual creación de Ethereum classic), también son tremendamente beneficiosos.

Algunos de los beneficios clave que ofrecen incluyen autonomía, confianza, respaldo y seguridad, velocidad, ahorros en transacciones y precisión. Estos beneficios hacen que los contratos inteligentes sean una tecnología desplegable en muchas áreas. Algunas de las áreas clave que están usando o que están ansiosas por usar contratos inteligentes incluyen:

Uso Gubernamental

Existe un consenso de que, si bien el sistema de votación digital en los Estados Unidos es difícil de manipular, también existe una creciente preocupación por esto después de las afirmaciones de que el gobierno **Ruso hackeó el sistema electoral durante las elecciones de 2016 en EE.UU.**

Los contratos inteligentes pueden disipar este temor, ya que su sistema central está basado en la seguridad. Al utilizar contratos inteligentes, cualquiera que busque piratear y manipular los votos protegidos del libro de contabilidad necesitaría un poder informático excesivamente alto, una hazaña que nadie podría manejar, ya que nadie tiene un poder informático que excedería la potencia informática combinada de las computadoras conectadas de igual a igual que ejecutan la red blockchain.

El otro punto a destacar aquí es que, dado que una aplicación de votación que utilice el modelo de contratos inteligentes eliminaría la necesidad de mostrar su identidad y completar los formularios de votación, el proceso de votación sería más rápido, lo que llevaría a un aumento en la participación de votantes debido a que el sistema sería relativamente fácil de usar.

Administración

El aspecto del libro de contabilidad único de la tecnología blockchain es una fuente de confianza (ya que los cambios en un extremo se reflejarían en todos los aspectos del libro de contabilidad). Aparte de eso, la transparencia, la precisión y la autonomía que ofrece mejorarían la comunicación y el flujo de trabajo. Cuando considera que la falta de comunicación y el flujo de trabajo son algunos de los principales obstáculos para la productividad y el éxito de la empresa, una aprobación inmediata de los problemas internos y la eliminación de los avances y retrocesos que conforman el entorno empresarial conducirían a un entorno de la empresa mejorado.

Un ejemplo aquí es el Depository Trust and Clearing Corp (DTCC). En 2015, utilizaron el libro de contabilidad de blockchain para procesar 345 millones de transacciones que representan más de $1.5 cuatrillones de valores.

Cadena de Suministro

En el corazón de los contratos inteligentes está la premisa de Si-Entonces. Por ejemplo, si el clima es X, entonces ejecute la apuesta Y o así. Jeff Garzik, un colaborador clave de Núcleo de Bitcoin y el cofundador de **bloqinc** lo explica de la siguiente manera:

"UPS puede ejecutar contratos que dicen: 'Si recibo efectivo en la entrega en este lugar en un mercado emergente y en desarrollo, este otro [producto], muchos, muchos enlaces en la cadena de suministro, provocará que un proveedor cree un nuevo artículo, ya que el ítem existente se acaba de entregar en ese mercado en desarrollo'. Muy a menudo, los sistemas basados en papel donde los formularios tienen que pasar por numerosos canales para su aprobación obstaculizan las cadenas de suministro y aumentan la exposición a pérdidas y fraude. Blockchain anula esto al proporcionar una versión digital segura y accesible a todas las partes de la cadena y automatiza las tareas y el pago".

Un estudio de caso de esto es **Barclays Corporate Bank**; utiliza contratos inteligentes para registrar el cambio de propiedad y la transferencia automática de pagos a otras instituciones financieras.

Automóvil

Nuestra tecnología se está desarrollando rápidamente y, en el futuro, todo promete ser autónomo (piense en la línea de autos inteligentes, drones inteligentes y similares). En este futuro, los contratos inteligentes resultarán muy útiles.

Como ejemplo, los contratos inteligentes jugarán un papel central en el estacionamiento de vehículos autónomos, ya que desde una perspectiva general y en el caso de un accidente, ayudarán a las autoridades a determinar quién tuvo la culpa: el conductor, los sensores, u otras variables. Usando el protocolo de contrato inteligente, un seguro de automóvil podría usar el historial de un conductor para determinar la tarifa a la cual se le cobrará una prima.

Bienes Raíces

Considere la forma normal de manejar ofertas de bienes raíces. Si desea alquilar su casa o apartamento, debe pasar por un intermediario, una plataforma de colocación de anuncios en línea como Craigslist o contratar a un agente de bienes raíces. Esto significa que tendría que pagarle a alguien o a una plataforma publicitaria. También tendría que contratar a alguien para asegurarse de que el inquilino mantiene los pagos.

Un contrato inteligente elimina la necesidad de esto; todo lo que tiene que hacer es pagar a través de una criptomoneda y codificar su contrato en el libro de contabilidad. Esto permitiría el cumplimiento automático y proporcionaría un nivel de apertura. Esto beneficiaría a todos los involucrados: corredores, agentes de bienes raíces e incluso al propietario.

Cuidado de la Salud

La tecnología blockchain permite codificar y almacenar registros personales de salud utilizando una clave privada que otorgaría acceso a las personas especificadas en el contrato. Esto significa que el sistema permitiría el almacenamiento de la investigación, los informes médicos y los recibos (tal vez recibos de cirugía) de manera segura, mediante el uso del protocolo Si-Entonces, el sistema enviaría automáticamente el archivo a los proveedores de seguros (como prueba de entrega) y a todos los involucrados, tal vez un médico de cabecera que ofrezca administración de salud general, supervisión y regulación del uso de drogas, laboratorios, etc.

Ahora que tenemos una comprensión más clara de qué es Ethereum y cómo funcionan los contratos inteligentes, analicemos cómo funciona la minería Ethereum.

Minería: Cómo Funciona La Minería

Es muy fácil confundir el propósito de la minería Ethereum. De hecho, muchos de los que son nuevos en la innovación de Ethereum llegan rápidamente a la conclusión de que la minería consiste en generar ether sin la necesidad de un emisor central. Si bien hay algo de cierto en esto, especialmente porque el proceso de minería lleva a la creación de nuevos tokens Ethereum (ether), a una tasa de 5 ethers por bloque minado, la minería juega otro papel importante.

En nuestro mundo moderno, nuestros bancos tienen el mandato de mantener registros transaccionales precisos. También desempeñan el papel de garantizar que el dinero transferido de una cuenta a otra no ocurra dos veces, lo que lleva a la creación de dinero desde el aire. Blockchain cambia esta modalidad de trabajo y el mantenimiento de los registros al garantizar que los registros que se llevan a cabo no están bajo la autoridad supervisora de un intermediario; hace que el proceso de registro y verificación sea público en un libro contable público. La minería garantiza que el sistema sea seguro y que nadie vuelva a hacer trampas o use el dinero utilizado anteriormente (el problema del doble gasto resuelto a través del concepto de prueba de trabajo). Los mineros desempeñan el importante papel de mantener el historial de transacciones para prevenir el fraude.

El proceso de extracción de Ethereum es muy similar al proceso de extracción de Bitcoin. Así es como funcionan los dos. Los mineros usan computadoras muy poderosas (en términos de potencia informática) para adivinar la respuesta al rompecabezas que conforma cada bloque de transacción. Esto sucede a velocidades rápidas de iluminación hasta que una de estas computadoras la adivina correctamente.

Para ser un poco más específico, estos mineros utilizan una **función hash** para ejecutar los metadatos de encabezado únicos del bloque (incluida la marca de tiempo y la versión de software). El resultado de esto es una cadena de longitud fija de números y letras que buscan al azar; el sistema solo cambia el **valor de nonce**, que afecta el valor de hash resultante.

Cuando un minero encuentra un hash que coincide con el objetivo actual, ese minero recibe un premio de ether (o Bitcoins) y luego difunde el bloque resuelto a cada computadora en la red (lo que hemos llamado nodos anteriormente) para su validación y adición a su libro de contabilidad. Yendo un paso más allá, si minero X resuelve el rompecabezas del hash, todos los que trabajen en ese bloque dejarán de trabajar en ese bloque y comenzarán a trabajar en el siguiente bloque. Dado que las computadoras son las que hacen este trabajo, esto sucede automáticamente. Este sistema es muy difícil de engañar porque requiere una **prueba de trabajo** y no hay manera de falsificar la respuesta correcta al rompecabezas que desbloquea el hash/bloque.

En la bolckchain Ethereum, el descubrimiento de un nuevo bloque lleva aproximadamente de 12 a 15 segundos (10 minutos para Bitcoins). Cuando los mineros resuelven el rompecabezas más rápido o más lento que esta tasa, el algoritmo intuitivo cambia automáticamente la dificultad del rompecabezas matemático con la intención de hacer que los mineros vuelvan al tiempo de solución de 12 segundos. Una vez creado y resuelto, lleva muy poco tiempo que todos los mineros/nodos o computadoras en la red verifiquen la exactitud del valor del hash. La cantidad de ethers o Bitcoins que gana un minero depende de la potencia informática del minero (cuanto más poder, mayor es la probabilidad de ether).

Ethereum utiliza un algoritmo de prueba de trabajo llamado **ethash**; este algoritmo requiere específicamente más memoria, lo que dificulta la solución del hash matemático y los mineros tienen que usar computadoras especializadas y altamente potentes llamadas **ASIC**, computadoras que tienen chips de minería especiales.

Otra cosa importante a tener en cuenta aquí es que la extracción de Ethereum puede cambiar en el futuro a medida que Ethereum pase de usar la prueba de trabajo a usar la prueba de participación. Vamos a discutir brevemente la prueba de participación.

Cambiando a Prueba de Participación

Como se dijo, Ethereum se está alejando de la prueba de trabajo y se inclina hacia la prueba de participación. Esto significa que, en el futuro, Ethereum no necesitará mineros.

La prueba de trabajo es el algoritmo que se usa actualmente para determinar la validez de las transacciones y mantener el libro de contabilidad seguro. La prueba de participación verá la red asegurada por los propietarios de fichas. Una vez implementadas, la prueba de participación eliminará la necesidad de plataformas de minería y una potencia informática inmensa. Permitirá la distribución del libro con menos recursos.

Ahora que hemos hablado sobre estas cosas, permítanos explicar cómo puede comenzar a usar la tecnología blockchain.

Section 4: Una Guía Técnica Para Comenzar en Blockchain

Como lo sugiere el título, esta sección se centrará en cómo puede comenzar a implementar blockchain. Como puede adivinar, la aplicación de blockchain será multifacética y, como tal, tendremos que ver cómo puede implementar la innovación en su negocio y cómo puede comenzar a desarrollar aplicaciones impulsadas por blockchain. Más adelante, en la sección 5, hablaremos sobre cómo conseguir sus criptomonedas y comenzaremos a intercambiarlas con fines de lucro. Por ahora, comencemos nuestra explicación sobre cómo comenzar con blockchain.

Introducción a Blockchain: Implementación de Blockchain en las Operaciones Comerciales

Hasta ahora, hemos tratado sobre cómo la tecnología blockchain tiene muchos usos prácticos en la vida cotidiana. Algunos de los usos clave que detallamos se aplican a las empresas, que es lo que discutiremos en esta sección de la guía.

Ya sea que ejecute una pequeña empresa o una empresa de nivel uno, siempre está buscando tecnologías que puedan aumentar su eficiencia y ayudarlo a hacer crecer su negocio. Como tal, puede estar ansioso por integrar blockchain en su operación comercial si no fuera por las ganancias, para minimizar los inconvenientes de usar un sistema centralizado de administración de registros.

Sin embargo, antes de pensar en implementar esta tecnología en su negocio, debe preguntarse si la tecnología cumplirá sus necesidades comerciales. Esta pregunta merece una respuesta honesta y muy sucinta porque, como verá en breve, blockchain no es una solución única para todos y, contrariamente a la creencia popular, no es una solución óptima para todos los procesos de negocios.

La tecnología blockchain es útil en casos de uso de nicho muy específicos. En estos casos de uso de nicho, la solución que proporcionan es de alto nivel y elegante. Algunos de estos usos especializados incluyen lo siguiente (use esta lista para determinar dónde puede implementar la tecnología dentro de su negocio):

1. **Auditoría:** Si su deseo es tener un proceso que registre los procesos comerciales de una manera inalterable, entonces esta tecnología se adaptará bien porque, como hemos dicho, una vez ingresada en la blockchain, cambiar las entradas se vuelve difícil, y hacerlo significa que la entrada modificada será visible para que todos la vean. Esto puede resultar muy útil para fines de auditoría.

2. **Transferencia de Datos o Prueba de Almacenamiento de Datos:** Si desea tener un sistema que le permita saber con certeza cuándo un autor específico creó un documento (y la identidad del autor), esta tecnología será muy útil porque los nodos de la red registrarán dichos detalles y los hará públicos para todos los que usen la red.

3. **Transferencia de Activos:** Si su empresa está buscando una manera de transferir activos digitales de manera instantánea que deje una pista de auditoría, eliminando así la dependencia y la necesidad de autorización de terceros, esta tecnología también será muy útil. El coste de transferir estos activos también será

muy beneficioso para el bienestar de su empresa, ya que es de bajo costo.

Usando estos tres puntos, determine si su empresa puede implementar con éxito la tecnología blockchain en sus operaciones. Además de estos, también considere las reglas y controles artificiales de la centralización, la vulnerabilidad a los errores, la piratería, el fraude interno, los puntos de fallo y el capital atrapado.

Después de determinar que su empresa puede beneficiarse de esta tecnología, el siguiente paso es determinar cómo integrar la tecnología en su infraestructura empresarial existente. Para hacer esto, debe integrar la aplicación de su blockchain de elección junto con el sistema existente (paralelo) mientras prueba la tecnología en el uso del nicho.

Probar su aplicación de blockchain preferida puede ser tan simple como acceder a una **Interfaz de Programación de Aplicaciones (API)** para acceder al protocolo de blockchain, y si bien existen varias formas avanzadas de usar blockchain, formas que requieren una inversión financiera y de recursos, el acceso a la API será suficiente por ahora, especialmente si está en la fase de prueba. La mejor solución sería informarse sobre las capacidades de la cadena de bloques y luego realizar una pequeña prueba interna en un área específica de su organización.

Aplicaciones Basadas en Blockchain Que Puede Integrar en su Negocio

Continuando con la discusión anterior, aquí presentamos las diversas tecnologías que tienen capacidades de blockchain y que puede integrar en su negocio:

Almacenamiento en la Nube Distribuido de Blockchain

En los próximos 2 a 5 años, el almacenamiento de datos de blockchain será una tecnología masivamente disruptiva que alterará el status quo actual en el que el almacenamiento en la nube adopta el modelo centralizado (recuerde cómo ha confiado en el almacenamiento en la nube de Google o Amazon para mantener sus datos de forma segura).

La Blockchain puede permitirle almacenar y distribuir información que de otro modo confiaría a un tercero, descentralizándola (y probablemente reduciendo el coste del almacenamiento de datos). **Storj** es una plataforma de almacenamiento en la nube, descentralizada, en pruebas beta y la plataforma de almacenamiento en la nube de blockchain es el mejor ejemplo de esto. La plataforma mejora la seguridad, disminuye la dependencia de terceros y le permite alquilar su exceso de capacidad de almacenamiento.

Identidad Digital

La seguridad digital, es decir, sobre la vulnerabilidad a la piratería, es una preocupación comercial clave; blockchain puede poner esta preocupación en descanso. La tecnología lo hace asegurándose de que la gestión y el seguimiento de las identidades digitales sean seguras y efectivas. Esto reduce el riesgo de fraude.

Lo más importante aquí es que la verificación y autorización de la identidad digital se integra en servicios como transacciones y servicios bancarios en línea, seguridad nacional y documentación de ciudadanía, e incluso cosas como el inicio de sesión de correo electrónico.

El pirateo de las bases de datos y los espacios de almacenamiento en la nube, como iCloud, son comunes (Target fue el objetivo reciente de una violación amplia y significativa: la violación afectó la información de más de 70 millones de clientes).

Puede usar blockchain para asegurar sus identidades digitales en un proceso que requeriría una autenticación única de identidades de una manera segura e irrefutable. Teniendo en cuenta que los métodos de identificación de identidad actuales se basan en contraseñas, el uso de blockchain haría que el proceso fuera seguro, ya que usaría una firma digital basada en una clave pública, protegida criptográficamente. En esta configuración, el único requisito que determinaría la autenticidad de una identidad sería verificar si la clave privada correcta firmó la transacción. La aplicación de identidad Blockchain puede aplicarse a pasaportes, certificados de nacimiento y matrimonio, identidades digitales, identificaciones y residencia electrónica.

Un ejemplo de esta tecnología en uso hoy en día es **ShoCard**, una identidad digital que ofrece protección a la privacidad del consumidor. ShoCard es fácil de usar y está optimizado para dispositivos móviles.

Blockchain Notario

La marca de tiempo es una de las características clave de blockchain. El sistema valida el estado de un hash (un dato envuelto) en momentos específicos. Esto confirma la existencia de algo. Manuel Aráoz, un desarrollador de blockchain de Buenos Aires, desarrolló una prueba de existencia, un método de verificación descentralizado y al hacerlo interrumpió los servicios de notaría centralizados que eran los únicos que ofrecían los servicios. Explica la prueba de existencia de la siguiente manera:

"Como el blockchain es una base de datos pública, es un consenso distribuido; su documento se certifica de manera distribuida".

La prueba de existencia funciona de la siguiente manera: permite a diferentes usuarios cargar un archivo (de forma segura) y, al pagar una tarifa, tener una prueba criptográfica de la misma incluida en la blockchain de Bitcoin. Después de hacer esto de forma anónima, el sistema genera un hash del archivo digital como parte de la transacción. Esto almacena la prueba de su archivo en el libro de contabilidad público sin revelar su identidad. Aráoz dice lo siguiente sobre esto:

"Básicamente, al insertar el hash criptográfico del documento en una transacción, cuando esa transacción se extrae en un bloque, la

marca de tiempo del bloque se convierte en la marca de tiempo del registro ".

Hemos examinado las diversas formas de integrar blockchain en su negocio. Con ese entendimiento, veamos cómo comenzar con Ethereum blockchain y el desarrollo de contratos inteligentes.

Contrato Inteligente y Desarrollo Web de Ethereum: Una Guía Práctica Para Comenzar

Para comenzar a utilizar Ethereum y el desarrollo inteligente de contratos, esto es lo que debe hacer:

Paso 1:

Lo primero que debe hacer es conseguir una blockchain. Aquí tiene muchas opciones: puede ir con **geth, parity, pyethapp** o **testrpc** (este último es ideal para cualquiera que busque una blockchain).

Una vez que instale su blockchain preferida, comience con testrpc (esto formará una excelente plataforma de lanzamiento para todas sus necesidades de desarrollo).

```
testrpc
```

Una vez que esté dentro, su blockchain estará lista. Sin embargo, es importante tener en cuenta que lo anterior (testrpc) no extrae bloques para el ether; -b le permite especificar su intervalo de bloque preferido; por ejemplo, puede ir con 1 segundo.

Paso 2:

El siguiente paso en el proceso es hablar con la blockchain. Una vez que el blockchain esté funcionando, descargue **web3.js**, instálelo, abra un archivo config.js y colóquelo en él.

Aquí tiene una imagen ilusoria de esto:

```
var web3 = require('web3');
var web3_provider = 'http://localhost:8545';
var _web3 = new web3();
_web3.setProvider(new web3.providers.HttpProvider(web3_provider));
exports.web3 = _web3;
```

Una vez que esto está en funcionamiento, para comunicarse con la blockchain en el servidor back-end, ejecute lo siguiente:

```
var config = require('./config.js');


config.web3.eth.X
```

La X aquí representa cualquier función de la API web3 que quiera; puede encontrar un script para eso en **GITHUB**.

Paso 3:

El siguiente paso es escribir algunos contratos inteligentes. Como nota, sin embargo, necesitará ether para ejecutar los contratos inteligentes. Para redactar contratos inteligentes, utilizará **solidity**. Si bien la creación de algunos contratos parece temible y demasiado técnica, no lo es, y muchas aplicaciones simplifican el proceso.

Debe mantener los contratos lo suficientemente simples porque cada operación en la red Ethereum cuesta gas, lo que significa dinero. Los contratos inteligentes complejos implican que llamar a su contrato puede costarle entre $0.05 y $1.50. Lo segundo es que los contratos complejos aumentan las posibilidades de errores, ya que el código que ejecuta el contrato es irreversible; mantener el contrato simple es lo mejor.

La siguiente guía le mostrará cómo escribir su primer contrato con solidity:

http://www.techracers.com/smart-contract-solidity

Paso 4:

En el paso 4, ejecutará/probará el contrato inteligente que acaba de crear implementándolo. Para hacerlo, usted necesitará usar **Truffle**.

Truffle le permite administrar contratos de prueba y trabajar fácilmente en su marco de prueba. Como ejemplo, considere la siguiente secuencia de comandos package.json:

```
"scripts": {
  "test": "cd truffle && truffle deploy && truffle test
./myTruffleTest.js && cd .. && npm run myOtherTests"
}
```

Este script (secuencia de comandos) hace tres cosas: implementa su contrato, ejecuta su test de truffle y luego ejecuta su prueba regular. Las pruebas de truffles son ideales porque funcionan dentro de los límites de la tecnología blockchain y se implementan en el alcance de sus pruebas en diferentes operaciones de blockchain.

Para pasar la información de la prueba al resto de su conjunto de pruebas, puede usar Truffle para guardar las direcciones en un archivo de configuración y luego importar ese archivo en sus pruebas regulares. Usando web3.js y el archivo de configuración, puede interactuar con todos sus contratos en cualquier prueba.

Para implementar su contrato inteligente, vaya al directorio de truffle y escriba lo siguiente (mientras se ejecuta este test, asegúrese de que testrpc también se esté ejecutando en otra ventana):

```
truffle deploy
```

El siguiente script emitirá la dirección de su contrato recién implementado. Copie esta dirección en su archivo config.js o guárdela mediante programación en una prueba de truffle.

Aquí tiene un ejemplo de la dirección:

```
exports.contract_addr = '0xe73e8e0a4442e140aea87a4b150ef07b82492500'
```

Paso 5:

Lo siguiente es hacer una llamada de contrato inteligente. Para llamar a los contratos, puede utilizar cadenas hexadecimales o **bibliotecas**. Para este propósito, estaremos utilizando cadenas Hex.

Primero, deberá tener todo, número, cadenas y el resto en un hex. La otra cosa es que, dado que Ethereum usa palabras de 256 bits, tendrá que rellenar todo lo que tenga ceros hasta 64 caracteres. La otra cosa a tener en cuenta es que declarará canónicamente los tipos en la definición de la función. Aquí hay un ejemplo.

```
function add(uint x, uint y) public constant returns (uint) {

    return x + y;

}
```

Suponga que, en el ejemplo anterior, su objetivo es agregar 1 y 2, llamará a esta función de la siguiente manera:

Primero, tomaría los primeros 4 bytes del hash keccak 256 de su definición de función canónica empaquetada. Esto suena complejo. Para facilitar el proceso, diríjase a **este sitio web,** escriba la declaración de la función y luego tome los primeros 8 caracteres.

Ethereum usa tipos canónicos y abreviados (por ejemplo, uint256 es el tipo canónico de uint). Para obtener más información sobre la definición y ejemplos de estos tipos, navegue hasta el **siguiente enlace**.

Usando el ejemplo anterior, aquí es cómo aparece la declaración:

```
add(uint256,uint256)
```

Esto devuelve el siguiente hash keccak256:

```
771602f7f25ce61b0d4f2430f7e4789bfd9e6e4029613fda01b7f2c89fbf44ad
```

Cuando tomamos los primeros 8 caracteres (4bytes), tenemos lo siguiente:

```
771602f7
```

Vamos a rellenar esto a los parámetros de 256 bits:

x = 1 es:

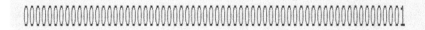

y=2 es:

```
0000000000000000000000000000000000000000000000000000000000000002
```

Juntos, forman:

```
00000000000000000000000000000000000000000000000000000000000010000
0000000000000000000000000000000000000000000000000000000000000002
```

Cuando empaqueta todo junto y agrega un prefijo 0x, generamos lo siguiente:

```
0x771602f700000000000000000000000000000000000000000000000000000000
000001000000000000000000000000000000000000000000000000000000000000
02
```

Con la carga útil preparada, podemos usar web3 para llamar al contrato:

```
var config = require('./config.js');

var call =
'0x771602f7000000000000000000000000000000000000000000000000000000000
000000100000000000000000000000000000000000000000000000000000000000000
002'

var to = config.contract_addr;

var res = config.web3.eth.call({ to: to, data: call });
```

Después de esto, obtendrá 3 para res. Obtendrá un objeto BigNumber de la siguiente manera:

```
res.toString()
>'3'
```

Los siguientes recursos explican por qué el desarrollo de su aplicación descentralizada debería usar BigNumber.

Esto concluye cómo convocar a un contrato. La otra cosa que tenemos que ver es cómo escribir en un contrato en los casos en que desee cambiarlo o actualizarlo. Para hacer esto, necesitará usar su clave privada para firmar un contrato.

Paso 6:

El paso 6 implica configurar su cuenta para que pueda obtener más información sobre el último punto del paso 5 anterior. Para este propósito, deberá volver a la carpeta de truffle y agregar la siguiente variable en su archivo config.js:

NOTA: Para ejecutar este paso, necesitará obtener una cuenta de Ethereum, que puede obtener de su keypai privado/público. Puede utilizar **eth-lightwallet** para este propósito.

```javascript
var keys = require(`${process.cwd()}/../test/keys.json`);


it('Should send me some ether.', function() {
  assert.notEqual(keys.me.addr, null);


  var eth = 1*Math.pow(10, 18);
  var sendObj = {
    from: accounts[0],
    value: eth,
    to: keys.me.addr
  }


  Promise.resolve(web3.eth.sendTransaction(sendObj))
  .then(function(txHash) {
    assert.notEqual(txHash, null);
    return web3.eth.getBalance(keys.me.addr)
  })
  .then(function(balance) {
    assert.notEqual(balance.toNumber(), 0);
  })
})
```

Estamos enviando 1 ether o 10^18 wei; hacer transacciones o llamadas de contratos inteligentes siempre usa valores de wei. Estos son los resultados:

```
exports.me = {
  addr: "0x29f2f6405e6a307baded0b0672745691358e3ee6",
  pkey:
"8c2bcfce3d9c4f215fcae9b215eb7c95831da0219ebfe0bb909eb951c3134515"
}
```

Como se puede ver en lo anterior, estamos moviendo ether desde cuentas [0] que tienen ether hasta me.addr en su archivo de configuración.

Paso 7:

El siguiente y último paso es utilizar sus contratos inteligentes para realizar transacciones. Aquí, tiene tres opciones: la primera es enviarla a otra dirección como valor, la segunda es llamar a una función de contrato: requiere que incentive a un minero a procesar su actualización (usando gas), y la tercera y última forma es convocar a un contrato que acepte ether como pago para actualizar el estado.

Para nuestro propósito, que, en este ejemplo, es que vamos a tener una función que rastrea el saldo de un usuario, vamos a utilizar la segunda opción. Así es cómo se ve esto:

```
function addUserBalance(uint balance)
public returns (bool) {
  if (!accounts[msg.sender]) { throw; }
  if (accounts[msg.sender].balance + balance <
accounts[msg.sender].balance) { throw; }
  accounts[msg.sender].balance += balance;
  return true;
}
```

En lo anterior, la segunda instrucción *if* es necesaria porque, en la solidity, sumar y restar puede llevar a una descarga y desbordamiento numérico. Así que tenga esto en cuenta.

Al llamar a esta función, lo que hacemos al enviar una transacción es querer actualizar el estado global de la red para reflejar lo siguiente:

El saldo de la cuenta de msg.sender ha aumentado. Dado que aquellos que usan Ethereum no tienen el poder de actualizar el estado, necesitan mineros y usan gas, que se traduce en ether, para pagar los servicios de actualización.

Aquí está cómo llamar a esta función utilizando la definición ABI de Ethereum:

```
addUserBalance(uint256) --> 22526328 -->
0x22526328000000000000000000000000000000000000000000000000000000000000000000000000000000000000000000000
1
```

Una vez que tengamos los datos anteriores, podemos usarlos para formar una transacción sin firmar:

```
var data =
'0x2252632800000000000000000000000000000000000000000000000000000000000000000000
01';
var nonce = config.web3.eth.getTransactionCount(keys.me.addr);
var gasPrice = 20 * Math.pow(10, 9);
var gasLimit = 100000;

var txn = {
  from: config.me.addr,
  to: config.contract_address,
  gas: `0x${gasLimit.toString(16)}`,
  gasPrice: `0x${gasPrice.toString(16)}`,
  data: data,
  nonce: `0x${nonce.toString(16)}`,
  value: '0x0'
}
```

Lo anterior cimienta la necesidad de gas para actualizar el estado/hacer transacciones. El precio del gas es la cantidad de wei que necesita un minero para actualizar el estado de su transacción. En un caso en el que la transacción le cuesta al minero más de lo que le proporcionó, el estado no se actualizará y el minero aún conservará todo el dinero del gas provisto con la transacción. Si el wei que usted proporcionó está por encima de lo que el minero necesita para actualizar el estado, él o ella le reembolsará el resto.

Si enviamos lo siguiente a la red, el estado no podrá actualizarse porque esta instancia carece de pruebas de quién está autorizando la transacción. Para asegurarnos de que la transacción se actualice (suponiendo que tengamos suficiente dinero de gas), necesitamos nuestra clave privada para firmar la transacción. Esta clave está en su archivo privado (consulte los pasos 1 a 4). Esto es lo que necesita hacer con la clave almacenada en su archivo de configuración.

```
var Tx = require('ethereumjs-tx');


var privateKey = Buffer.from(config.me.pkey, 'hex')
var tx = new Tx(txn);
tx.sign(privateKey);
var serializedTx = tx.serialize();
```

En lo anterior, estamos utilizando **bibliotecas** para usar la clave privada para firmar una transacción. Lo siguiente debería devolver esto:

```
0xf8aa808504a817c800830f424094a0f68379088f9aee95ba5c9d178693b874c4cd6860b
844a9059cbb0000000000000000000000000053b2188b0b100e68299708864e2ccecb62cdf
0d00000000000000000000000000000000000000000000000000000000746a5288001ca01f6
83f083c2d7c741a1218efc0144adc1749125a9ca53134b06353a8e4ef72afa07c50fb5964
7ff8b8895b75795b0f51de745fa5987b985f7d1025eb346755bca0
```

Luego podemos usar web3 para enviar esto a la blockchain, que, al hacerlo, devolverá un hash de transacción, que simplemente no es prueba de una transacción exitosa, sino un hash de la transacción proporcionada.

```
var txHash = config.web3.eth.sendRawTransaction(raw_txn);
```

Esto se verá del modo siguiente:

0xac8914ecb06b333a9e655a85a0cd0cccddb8ac627098e7c40877d27a130a7293

El último paso es confirmar que la transacción se procesó correctamente: obtenga el recibo de la transacción. Esto se hace de la siguiente manera:

```
var txReceipt = config.web3.eth.getTransactionReceipt(txHash);
```

Si lo anterior devuelve un valor nulo, la transacción no tuvo éxito. Esto puede ocurrir por varias razones: quizás no incluyó suficiente wei, o quizás usó la clave privada incorrecta para firmar el archivo.

Así es como se comienza a usar blockchain y el desarrollo de contratos inteligentes. Como usted ha notado, este proceso es muy técnico. Para evitar sentirse abrumado, siga cada uno de los pasos gradualmente hasta que comprenda cómo hacerlo y cuando se sienta perdido, use esta sección como guía de referencia. Además, siéntase cómodo dedicando una cantidad considerable de tiempo en este proceso porque, para entenderlo, tendrá que volver al paso varias veces y leer la documentación adjunta. Una vez que domine todo lo que hemos explicado en esta subsección, irá por el buen camino para ser un desarrollador de Ethereum capacitado.

Ahora que hemos analizado cómo comenzar a utilizar blockchain, analicemos las criptomonedas, la tecnología que está impulsando el uso y la utilización de blockchain, y cambiando la forma en que usamos el dinero hoy y en el futuro.

Sección 5: El Futuro del Dinero: Una Guía de Criptomonedas Para Principiantes

Criptomonedas es la nueva palabra de moda. Los bancos, las empresas de software y contabilidad prominentes, e incluso las empresas de ladrillos y motores, la están aceptando abiertamente. Muchos intercambian criptomonedas como Bitcoin y se enriquecen en el proceso. Desafortunadamente, aunque las criptomonedas son populares, se han convertido en una especie de unicornio del siglo XXI, en el sentido de que muy pocas personas realmente saben lo que son. En esta sección de la guía, vamos a desmitificar las criptomonedas al desnudarlas al mínimo.

Entendiendo Las Criptomonedas y su Aparición

Las criptomonedas son activos digitales utilizados como medio de intercambio y diseñadas para utilizar la criptografía para asegurar transacciones y controlar la creación de nuevas unidades de la moneda. Las criptomonedas son monedas virtuales o digitales.

Ellas (criptomonedas) utilizan la criptografía y el libro de contabilidad compartido (en la plataforma blockchain) para crear un sistema monetario estable, seguro, rastreable y de código abierto. El nombre de criptomoneda proviene del hecho de que utilizan un código criptográfico. La criptografía es una forma de cifrar y proteger la información con la intención de garantizar que, como una red envía esta información, es seguro que personas no autorizadas no puedan acceder a la información.

Antes de 2008, que es cuando la primera criptomoneda alcanzó el uso generalizado, muchos intentaron desarrollar una moneda descentralizada y protegida por criptografía que utilizara redes distribuidas. El lanzamiento de Bitcoin en 2008-09 cambió todo esto, por lo que hasta la fecha los Bitcoins siguen siendo la criptomoneda más popular y ampliamente utilizada a pesar de que existen otras criptomonedas como Litecoin, Ripple y Dogecoin.

Lo que la mayoría de la gente no sabe es que el desarrollo de las criptomonedas se produjo como un efecto secundario de otro invento. En su documento técnico de 2008, Satoshi dice que creó "un sistema de pago/efectivo eléctrico de igual a igual". Su innovación creó un sistema de efectivo digital descentralizado, algo que muchos antes habían intentado y no habían logrado.

Su decisión de crear este sistema de pago condujo al nacimiento de las criptomonedas y, como dice Satoshi en un correo electrónico a **Dustin Trammel**, un usuario pionero de Bitcoin, las criptomonedas probaron ser el eslabón perdido en la creación de efectivo digital descentralizado.

El efectivo digital funciona de la siguiente manera: para mantener un sistema de efectivo digital que funcione correctamente, necesita tres cosas: cuentas, saldos y transacciones. Como comentamos anteriormente, un problema clave que enfrentan los sistemas de efectivo digitales es el problema del doble gasto: asegurarse de que los usuarios no puedan gastar dinero más de una vez. En un sistema de caja digital normal, el sistema utiliza un servidor central como depósito de registros de saldos.

El sistema de pago en efectivo digital descentralizado que creó Satoshi eliminó la necesidad de un servidor central y, en su lugar, utilizó un modelo de igual a igual en el que cada nodo (computadora) de la red jugaba un papel en el procesamiento de registros. En este sistema, cada computadora en la red de pares mantiene un historial de todas las transacciones y verifica que todas las transacciones sean válidas y, al hacerlo, ayuda a evitar el problema del doble gasto. Para lograr esto, las computadoras en la red tienen que lograr un consenso.

Descubiertas hasta su mínimo simple, las criptomonedas son entradas en un libro de contabilidad público que nadie puede cambiar a su voluntad, y en los casos en que alguien tenga que cambiar las entradas, él o ella debe cumplir con las condiciones específicas preestablecidas.

Para cuantificar esto, considere el dinero que tiene en su cuenta bancaria de moneda fiduciaria; dichos fondos no son más que entradas en una base de datos que solo pueden cambiar cuando se cumplen condiciones específicas. Por ejemplo, cuando retira una cantidad específica de dinero de su cuenta bancaria, si no tiene fondos suficientes, la transacción no se procesará porque el comando no cumple con las condiciones específicas. En este caso, la condición es equilibrio suficiente. El dinero, en cualquier forma, no es más que entradas en una base de datos que tiene tres criterios principales: cuentas, saldo y transacciones.

Cómo Funcionan Las Criptomonedas

En este punto del libro, sabe mucho sobre cómo funcionan las criptomonedas porque, en esencia, utilizan las modalidades de trabajo de la red de blockchain.

Específicamente, una criptomoneda basada en blockchain como Bitcoin opera en la premisa de una red de igual. Cada uno de los nodos (computadoras) en la red tiene un registro histórico completo de cada transacción en su historial y, por lo tanto, tiene el historial del saldo en cada cuenta o billetera. Por decirlo de un modo más simple, una transacción es un archivo que dice que X le da a YZ cantidades de Bitcoins y usa su clave privada para firmar este archivo, lo que lo hace auténtico. Después de que X firma el archivo, el archivo se transmite a la red de un igual a otro, dejando un historial de las transacciones.

Dado que las criptomonedas están descentralizadas, en lugar de estar bajo el control de las instituciones financieras o los gobiernos, utilizan las matemáticas, y aunque son similares a las monedas fiduciarias en que su valor se aprecia y se deprecia frente a las monedas fiduciarias, su escasez depende de las matemáticas en lugar de las políticas monetarias centralizadas o la influencia de uno u otro grupo.

Su valor no depende de la disponibilidad de oro u otros bienes físicos, y los gobiernos no pueden crearlos como lo harían con las monedas normales. Lo anterior se debe a que, como hemos establecido, las criptomonedas utilizan sistemas transaccionales P2P (igual a igual) independientes de terceros.

Dado que se conducen en la blockchain, para garantizar la legitimidad de cada transacción, utilizan complejos rompecabezas/ecuaciones matemáticas para vincular las cuentas con la cantidad de moneda digital que el titular de una cuenta desearía realizar. Al igual que la tecnología blockchain —después de todo, usan la misma tecnología—, el sistema usa la potencia de cálculo de los mineros para resolver estas ecuaciones y, a cambio, los mineros obtienen una parte de la criptomoneda.

Aquí presentamos una ilustración de cómo los mineros crean nuevas monedas y confirman transacciones dentro de la red de criptomonedas:

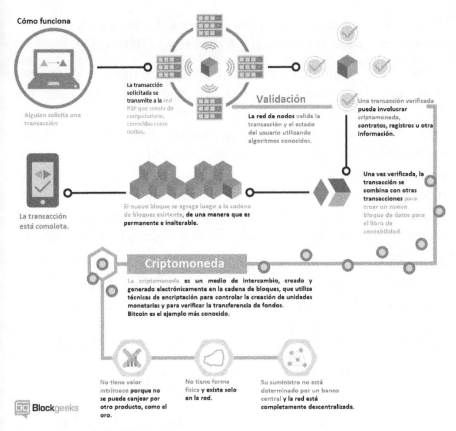

Imagen cortesía de Blockgeeks.com

Dado que una red descentralizada carece de una autoridad que decide quién debe hacer qué, cualquier persona con capacidad informática puede convertirse en minero. Claramente, esto presenta un problema porque aquellos con mayor potencia informática dominarían la red, convirtiéndose así en autoridades, lo que anularía el propósito de la descentralización (ya hablamos de esto antes). Esto significa que cada red de criptomoneda debe tener instalado un mecanismo que impida que las personas con mayor potencia informática puedan controlar la red.

Para superar este obstáculo, Satoshi creó una regla que establece que los mineros deben invertir una buena cantidad de trabajo (lo que llamamos un hash, una clave o función criptográfica cuyo propósito es conectar bloques individuales entre sí y luego al bloque: prueba de trabajo) antes de calificar para la tarea. En la criptomoneda de Bitcoin, esto funciona en **SHA 256 HASH ALGORITHM**.

Comprender cómo funciona SHA 256 no es importante en este momento. Lo importante es saber que forma la base del rompecabezas que los mineros de Bitcoin trabajan para resolver. Después de resolver el hash, los mineros construyen el bloque agregando el hash al bloque resuelto, y luego lo transmiten a la red para agregarlo a la blockchain. Para resolver el hash y construir el bloque, el minero gana monedas (esencialmente, dicho minero tiene el derecho de agregar una transacción de coinbase y, al hacerlo, recibir un número específico de Bitcoins o cualquier criptomoneda).

Antes de explicar cómo las criptomonedas basadas en la tecnología blockchain están cambiando nuestro uso actual y futuro del dinero, analicemos cómo funciona una transacción estándar de Bitcoin.

Ciclo de Vida de Bitcoin: Cómo Funcionan las Transacciones de Criptomoneda

Dado que los Bitcoins son las formas más populares de criptomonedas, esta subsección se concentrará en detallar cómo funciona una transacción de Bitcoin.

El uso y la transferencia de Bitcoins (y otras criptomonedas) requieren una Cartera. Lo que la mayoría de la gente ignora es que, contrariamente a la creencia popular, los Bitcoins no existen en ninguna parte (de hecho, son inexistentes) y, en cambio, lo que tenemos son registros de transacciones de Bitcoin entre diferentes direcciones de Bitcoin. Las transacciones como registradas tienen saldos crecientes y decrecientes; la única forma de calcular el equilibrio dentro de una determinada dirección de Bitcoin sería recrear la blockchain, lo que requeriría una gran potencia informática y trabajo.

Las transacciones dentro del sistema de bitcoin tienen tres elementos clave: (1) la entrada, esto registra el origen de la transacción (la dirección de Bitcoin), (2) la cantidad de Bitcoin negociada, y (3) la dirección de Bitcoin del destinatario (llamada la salida).

Para enviar o recibir Bitcoins, necesita dos cosas: una dirección (una dirección de Bitcoin) y una clave privada. Como se mencionó anteriormente, la dirección de Bitcoin es una serie de números y letras aleatorios. La forma más fácil de obtener una dirección de Bitcoin es inscribirse en una billetera de Bitcoin. Algunas de las mejores opciones incluyen Bitcoin Wallet, CoPay y las **otras carteras enumeradas en este sitio**. La clave privada también viene con la billetera, pero, a diferencia de la dirección de Bitcoin que puede compartir con las personas a quienes solicita el pago, la clave privada es exactamente eso, privada, y como tal, no debe compartirla con nadie.

Al enviar bitcoins a alguien, lo que significa que le está enviando a la persona un archivo cifrado, usted utiliza la clave privada para firmar el archivo. Si no utiliza una clave o si la clave que utiliza es incorrecta, la transacción fallará. Las carteras han hecho que la idea de enviar Bitcoins sea fácil; todo lo que tiene que hacer es iniciar sesión en la billetera, seleccionar la opción de envío, ingresar una cantidad, firmar el archivo y luego enviarlo a la red donde, si la transacción tiene suficientes tarifas transaccionales, los mineros verificarán la transacción y la colocarán en el libro de contabilidad. Una combinación de transacciones conforma el rompecabezas criptográfico que, una vez resuelto, conduce a la creación de nuevas blockchains y monedas adicionales. Así es como funcionan las transacciones de Bitcoin.

El siguiente enlace tiene una infografía muy valiosa sobre el ciclo de vida de una transacción de Bitcoin.

http://bitcoinfographics.com/en/transaction-life-cycle/

Como hemos comentado, y como este libro lo ha mostrado, las tecnologías y el dinero basados en blockchain serán una parte integral de nuestro futuro. Esto significa que, para asegurarse de estar preparado para el futuro, debe aprender todo lo que pueda sobre estas monedas. Este libro ha hecho un buen trabajo probando este punto.

Para completar el conocimiento en este libro, acabaremos discutiendo cómo comenzar a invertir en criptomonedas (en qué monedas invertir) y cómo invertir en blockchain.

Cómo Invertir en Blockchain y Criptomonedas

La rápida adopción de tecnologías basadas en blockchain como Bitcoin significa que estas tecnologías darán forma a nuestro futuro de muchas maneras. Esto también significa que el mejor momento para invertir en ellas es ahora. Como ejemplo, a principios de marzo de 2017, 1 BTC valía $1.000. En agosto, el mismo cotizaba a $4.400 por dólar; esto significa el valor estimado por más de $3.000.

Sin embargo, como nota, invertir en criptomonedas es diferente a invertir en acciones, ya que toma una forma diferente. Invertir en una compañía significa que usted está comprando las acciones de esa compañía, lo que también significa que usted es dueño de una parte de esa compañía. Cuando invierte en criptomonedas, invierte en algo diferente: cuando invierte en Bitcoins, compra la moneda virtual; cuando invierte en Ethereum, obtiene gas, el poder que ejecuta los contratos inteligentes y las aplicaciones descentralizadas, y eso se traduce en Ether, la criptografía de Ethereum.

Para intercambiar criptomonedas, debe crear una cuenta con uno de los **diversos intercambios dedicados**, como Kraken, GDAX y Geminin. Estos intercambios le permiten usar monedas fiduciarias para comprar bitcoins y luego cambiarlas a monedas fiduciarias cuando venda sus bitcoins. Las mejores criptomonedas para invertir incluyen **Bitcoins, Ethereum, Litecoin, Monero, Bitcoin Cash, Ripple**, y **Zcash**.

Por otro lado, como hemos mencionado, blockchain es la tecnología con la que se utilizan las criptomonedas; puede invertir en blockchain sin tener que invertir su dinero en comprar criptomonedas. Por ejemplo, puede invertir en startups basadas en blockchain. Puede encontrar algunas de estas nuevas empresas en plataformas de financiación colectiva como **BNKToTheFuture**. Otra forma de invertir en estas nuevas empresas es invirtiendo ICOs (ofertas iniciales de monedas) de nuevas tecnologías de blockchain. Las compañías que desarrollan tecnologías basadas en blockchain a menudo emiten tokens o criptomonedas como una forma de aumentar el capital de desarrollo. Si bien esta forma de inversión es arriesgada, los rendimientos son estelares.

Si desea invertir en compañías basadas en blockchain, las mejores opciones son **BTCS, Global Arena Holding, DigitalX, BTL Group, Coinsilium Group**, y **First Bitcoin Capital**.

Obviamente, invertir en estas nuevas tecnologías requerirá la debida prudencia. No se involucre en un intercambio de una criptografía específica ni invierta en un inicio específico de blockchain si no está seguro de lo que está haciendo; esa es una receta para el fracaso y pérdidas masivas. Además, si compra Bitcoins (y otras criptomonedas) bajas, manténgalas, no sea un comerciante de día que negocie cuando el valor se mueva solo unos pocos puntos. Como se vio anteriormente, en el lapso de aproximadamente 3 meses, el valor de Bitcoin saltó de menos de $1.000 a más de $4.400. Básicamente, esto significa que invertir en estas tecnologías no es para los débiles de corazón ni para los que buscan ganancias rápidas.

Conclusión

Esta guía le ha proporcionado toda la información que pueda desear sobre la historia del dinero, blockchain, las criptomonedas y, a lo largo de esta discusión, usted vislumbró lo que nos depara el futuro. Use esta información para educarse y educar a los demás. Si se siente motivado, invierta en esta tecnología porque, si la evidencia es importante, las tecnologías basadas en blockchain cambiarán nuestra vida cotidiana más en la forma en que vemos, usamos e incluso almacenamos dinero.

Segunda Parte: Bitcoin

Una guía esencial para principiantes acerca de las tecnologías de inversión en bitcoin, minería y criptomoneda

Introducción

Este libro contiene información completa y adecuada para principiantes acerca de las tecnologías de inversión en bitcoins, minería y criptomoneda.

El Bitcoin y las criptomonedas están tomando el mundo. Piénselo; el bitcoin comenzó hace menos de 10 años y, hoy en día, es quizás la moneda más valiosa del mundo (aunque no sea ampliamente aceptada), teniendo en cuenta que un bitcoin se vende sobre los ¡$ 10 000! Muy pocas cosas pueden registrar un aumento tan masivo de precios en un tiempo tan corto. Y lo bueno de los bitcoins es que no tiene nada más que hacer una vez que los adquiere. ¡Todo lo que debe hacer es sentarse y esperar a que suban los precios! Incluso podría ganar dinero verificando y validando transacciones en lo que se conoce como minería.

¿Le gustaría simplemente sentarse y ver cómo se multiplica su dinero? Entonces invertir y comerciar en criptomonedas podría ser todo lo que necesita si miráramos al año 2017 como ejemplo. Bitcoin es una de estas criptomonedas que puede utilizar para aumentar y diversificar su cartera de inversiones, ya que se está convirtiendo cada vez más en una forma de moneda fuerte debido a su dependencia de la tecnología descentralizada inmutable, así como a su ingenio revolucionario para operar sin intermediarios o cualquier otra autoridad central.

El objetivo de esta guía es ayudarlo a comprender los conceptos básicos de la inversión en bitcoin, para que pueda aprender cómo beneficiarse de sus características únicas y protegerse cuidadosamente contra cualquier riesgo en línea. Al final, tendrá la suficiente confianza y comenzará a aprovechar este mercado completamente nuevo sin dejar de ser consciente de su futuro. Con suerte, la naturaleza del bitcoin y el valor incesante en aumento lo fascinarán más y lo inspirarán a ganar más dinero. Sin embargo, siempre recuerde que las ganancias se obtienen gracias al trabajo duro; un poco de esfuerzo le hará cosechar más.

Entendiendo la criptomoneda: una introducción a la criptomoneda y la explicación más simple de Bitcoin y la criptomoneda que jamás leerá

Una introducción a la criptomoneda

El error común que cometen la mayoría de los inversores en criptomoneda es ir directamente a la parte de la inversión, ya sea que estén leyendo sobre el tema o haciendo la inversión en sí, sin asegurarse de tener la suficiente información de base para ayudarlos en su travesía. Este capítulo sirve para que no cometa usted ese mismo error.

¿Qué es la criptomoneda?

En pocas palabras, una criptomoneda es un token en formato digital que está diseñado para funcionar como un medio de intercambio o como un método de mantenimiento de registros. Utiliza algoritmos criptográficos para asegurar y verificar las transacciones a través de su red y tener en control las creaciones de nuevos tokens.

Bitcoin es un tipo de criptomoneda, es decir, una forma de moneda digital descentralizada (bajo la categoría de criptomonedas) que se crea y mantiene electrónicamente. A diferencia de otras monedas, que son emitidas por el gobierno, bitcoin funciona sin ningún repositorio central o un solo administrador. En cambio, opera con una tecnología de criptografía para asegurar varias transacciones, así como para controlar la creación de unidades adicionales y verificar la transferencia de diversos activos.

¿Cómo funciona el Bitcoin, y así mismo, la mayoría de las criptomonedas?

Bitcoin emplea transacciones de punto a punto en las que no hay ninguna institución financiera o intermediario involucrado. Los registros de cada transacción se verifican criptográficamente por otros "nodos" en la red. Lo que sigue es que esas transacciones se combinan en un "bloque" y se agregan al libro de contabilidad de la criptomoneda. Esto también es conocido como el "blockchain".

El blockchain mantendrá los detalles de cada transacción en la red, y como este blockchain se mantiene simultáneamente en distintos nodos en toda la red del blockchain, es imposible cambiarla, censurarla, trocearla o interrumpirla de cualquier manera. Los nodos de la red, denominados "mineros", cobrarán una pequeña tarifa por cada transacción. Esta tarifa funciona como un incentivo para tener la red disponible en línea.

El efecto Sigan-al-líder del Bitcoin:

El lanzamiento de Bitcoin en 2009 abrió la puerta a cientos de nuevas criptomonedas para que se crearan e introdujeran en el mercado. Todas ellas tienden a servir su propio propósito individual. Después del Bitcoin, Ethereum es la plataforma más exitosa.

Ethereum le permite adjuntar "contratos inteligentes" a sus transacciones, que se ejecutan sin la posibilidad de censura, tiempo de inactividad, fraude o interferencia de terceros. Casi todas las demás criptomonedas creadas han tomado prestado el concepto del Bitcoin o el Ethereum. Lo que hacen los creadores es que buscan mejorarlas a ellas y también a las características agregadas a sus bases de código.

Algunas de las "monedas alternas" están más orientadas a la privacidad que cualquier otra cosa, mientras que otras ignoran en gran medida esta característica y se centran totalmente en la velocidad de la transacción. Comúnmente en estos días, muchas de las monedas que se lanzan se usan para financiar proyectos, en lugar de que el propietario del proyecto tenga que buscar capital de riesgo.

La explicación más simple para el Bitcoin y la Criptomoneda que jamás leerá

Puede estar leyendo este libro porque Bitcoin, o alguna otra criptomoneda, ha despertado su interés hasta el punto en que sentía la necesidad de aprender más sobre él. Más aún, puede que esté aquí porque le ha costado entender cómo funciona la criptomoneda. Incluso podría ser que la primera parte de este capítulo haya hecho muy poco para ayudarlo a comprender la criptomoneda. Quiere entrar en el juego, pero ¿cómo puede hacerlo si su conocimiento sobre él es escaso? ¿Es el bitcoin válido? ¿Se puede confiar en el sistema digital? Una cosa es que alguien coloque dinero en sus manos y, siempre que lo tenga, es suyo y no está en manos de nadie más. Pero, ¿es la moneda digital tan sencilla? ¿Se pueden hacer copias? Puede que usted tenga un millón de esas preguntas rondándole la cabeza. Al final de este capítulo, ya no las tendrá.

Este capítulo requerirá un poco de imaginación básica; sin embargo, nada demasiado complicado.

La manzana

Usted y yo nos encontramos sentados en un banco del parque, con algunas alondras cantando sobre nosotros. Es un día adorable. Tengo una manzana en la mano. Estiro mi brazo y le doy esa manzana. Ahora usted tiene mi manzana y, como consecuencia, no tengo manzanas. Esto fue muy simple, ¿verdad?

Examinemos exactamente lo que sucedió:

Pongo mi manzana físicamente en su mano. Usted y yo sabemos qué sucedió, ya que ambos estábamos allí. Tocó la manzana; tal vez esperó hasta que me hubiera ido para poder comérsela toda solo. Puede recordar su sabor. Todo esto es prueba suficiente de que le di mi manzana. No necesitábamos un tercero presente para ayudarnos a hacer posible la transferencia.

¿Podría darle una manzana ahora? Claro que podría, pero tendría que ser otra manzana. No puedo darle la misma manzana porque ya se la di al principio. Ya no tengo control sobre esa manzana, ya que dejó mi posesión por completo. Suponiendo que no se la coma, puede dársela a un amigo si así lo desea, y luego su amigo puede dársela a otro amigo y así sucesivamente.

Así es como se ve un intercambio en persona que involucra bienes convencionales. Realmente es lo mismo si elijo darle un plátano o si prefiero conservar mis frutas y darle un billete de $ 5 o tal vez un libro sobre cómo injertar manzanas.

La manzana "digital"

Digamos que tengo una manzana digital y deseo dársela. Aquí tiene, tenga esta manzana digital y haga con ella lo que quiera. Pero es difícil negar que, a diferencia de nuestro primer escenario con la manzana física, las cosas se ponen muy interesantes aquí.

¿Cómo puede saber que la manzana digital que solía estar en mi poder ahora es suya y solo suya? Piense en esto por un segundo. Esto seguramente es más complicado, ¿verdad? ¿Cómo puede saber que no se lo envié a mi tío John como un archivo adjunto de correo electrónico antes de dárselo a usted o a su amiga Lisa?

Tal vez, hice tres copias de esa manzana digital en mi computadora portátil para guardarlas. Tal vez la puse en mi blog y todos mis 32,400 suscriptores tuvieron la oportunidad de descargarla de forma gratuita.

Como se puede ver, el intercambio digital presenta algunos problemas. Enviar artículos digitales no es realmente lo mismo que enviar artículos físicos. Algunos científicos de software incluso han encontrado un nombre para este problema: "problema de doble gasto". Sin embargo, no tiene que preocuparle más. Intentemos idear una solución aquí hasta llegar al sistema del Bitcoin.

El libro mayor

Quizás, lo que hay que hacer es tener estas manzanas digitales rastreadas en un libro mayor. Un libro mayor es básicamente un libro que se usa para rastrear cada transacción. Es un libro de contabilidad para los registros de transacciones.

Nuestro libro mayor, ya que es digital, necesita vivir en el mundo digital y tener una persona que entienda este mundo a su cargo. Esto es como World of Warcraft, el juego. La empresa de desarrollo del juego, Blizzard, tiene un "libro mayor digital" de cada espada y palo en su sistema. Por lo tanto, es posible que alguien con ese conocimiento rastree nuestras manzanas digitales, ¿no es cierto? ¡Finalmente hemos progresado y resuelto nuestro problema!

Más problemas

Aún no hemos solucionado todo. Tenemos un pequeño problema en nuestras manos:

1.   ¿Qué pasaría si algún otro compañero en Blizzard creara su propio alijo de manzanas digitales en secreto? Él podría simplemente sumergirse en su colección ilegal y agregarlos para equilibrar las cosas cuando lo desee.

2.   No es exactamente lo mismo que cuando usted y yo nos sentamos en el banco del parque ese día y le entregué mi manzana. Ir a través de nuestro equipo de rastreo del libro mayor digital, en nuestro caso el hipotético Blizzard, es como establecer un palacio de justicia, con todas las reglas de la corte, como el tipo de "usted es inocente hasta que se demuestre su culpabilidad", que ha visto a

asesinos andar libres e ignorando al juez y al jurado. Básicamente, lo que tienes es una jungla, una jungla civilizada, pero igual una jungla.

¿Cómo puedo simplemente entregarle la manzana digital de la manera habitual?

¿Existe alguna manera en que podamos realmente replicar nuestra transacción digitalmente para que se parezca a nuestra situación en el banco del parque?

La solución

¿Y si le damos este libro de contabilidad a cada uno? En lugar de que este libro mayor se encuentre en la computadora de Blizzard y no esté disponible para otras partes, permanecerá en las computadoras de todos. Cada transacción de manzanas digitales que ocurra, incluida la nuestra, se registrará en este libro mayor que todos tienen.

Es imposible engañarlo. ¿Cómo puedo enviarle manzanas digitales que no poseo sabiendo muy bien que no se sincronizaría con todas las otras partes en el sistema? Es un sistema increíblemente difícil de vencer. Sería aún más difícil de superar si se hiciera grande. Si se volviera global, sería realmente imposible vencerlo.

Adicionalmente, no estaría controlado por una sola persona. Por lo tanto, sé que incluso si quisiera engañar al sistema y agregar manzanas digitales a mi cuenta que no tengo, no puedo hacerlo porque mis esfuerzos no valdrían nada. Las reglas del sistema, que se definieron al principio, se asegurarán que esto sea así.

Y aún más, las reglas y el código son de código abierto, un poco como el software que usa en su teléfono Android. Cualquiera puede acceder y descargarlo en Google Play store. También puede pensar que las reglas y el código son como Wikipedia: está ahí para que las personas inteligentes lo protejan, lo mantengan, lo mejoren y lo revisen de vez en cuando.

Si así lo quisiera, usted también podría participar en esta red. Podría participar en la actualización de este libro mayor y asegurarse de que todo se verifique. No es difícil sentirse motivado para hacerlo, especialmente si está invertido en el sistema. Para su tiempo, podría obtener, digamos, 24 manzanas como recompensa. De hecho, esta es la única forma de crear más manzanas en el sistema. Esto es lo que los entusiastas de la criptomoneda denominan minería. De lo contrario, solo tiene que buscar a alguien que esté dispuesto a venderle algunas digitales.

Tenga en cuenta que esta es una analogía muy simplificada. Sin embargo, no se ha pasado nada por alto: así es exactamente cómo funciona el sistema y, de hecho, es un sistema real implementado. En el Bitcoin, se le conoce como el protocolo del Bitcoin. ¿Ve usted todas esas manzanas digitales de las que hemos estado hablando? Estos son el Bitcoin, u otra criptomoneda con la que podría tener el interés de involucrarse.

¿Qué permite el libro mayor público?

1.   Es un código abierto, como puede recordar. El número total de manzanas digitales, o Bitcoin, se definió en el libro público al principio. Usted y yo sabemos la cantidad exacta en existencia. Dentro de este sistema, sabemos que estas manzanas digitales son limitadas y que el número total no cambiará.

2.   Cuando intercambiamos y le entrego la manzana digital, o Bitcoin, a usted, tengo por seguro que la manzana digital dejó mi posesión certificable. El libro de contabilidad en la computadora de todo el mundo lo confirmará, ya que la información de la transacción será actualizada y verificada por el libro de contabilidad.

3.　　Dado que el libro de contabilidad es de propiedad pública, no necesitaba de mi tío John, que trabajó como juez en algún momento de su vida, para asegurarme de no hacer trampas o fabricar algunas copias adicionales para que yo las guardara. Con respecto al Bitcoin, no necesito que el banco o el gobierno pongan su sello de validez en nuestra transacción. La tercera parte no tiene uso.

Por lo tanto, dentro de este sistema, el intercambio de la manzana digital es ahora como el de una física. Ahora es tan sencillo como ver a una manzana física abandonar mi mano y aparecer en la suya. Al igual que en el banco del parque, el intercambio solo involucró a usted y a mí. No necesitamos a mi tío John, ni al banco / gobierno, para certificar su validez.

Para decirlo en pocas palabras, ahora se comporta como lo haría un objeto físico y, sin embargo, sigue siendo tan digital como siempre. Podemos vender 1000 manzanas si nos apetece, siempre y cuando tenga las manzanas en mi poder y haya tenido suficiente para comerciarlas. Incluso podríamos hacerles un millón de manzanas digitales o 0,001 manzanas, siempre que las matemáticas se verifiquen. Puedo enviarle la manzana con un solo clic, y podría ponerla en su monedero digital, incluso si estuviera en Somalia y usted en Washington DC.

Así es exactamente cómo funciona la criptomoneda, donde el Bitcoin es el líder claro aquí.

Vamos a llevar la discusión un poco más lejos.

Definición de términos

Este capítulo está basado en el capítulo anterior y es vital porque le ayudará a comprender mejor el resto de los contenidos de este libro. Verá, aquí se usarán muchos términos, y si es nuevo en el mundo de la criptomoneda, todo puede volverse bastante confuso. Este capítulo le ayudará a comprender los diversos términos de la criptomoneda y, lo que es más importante, el contexto en el que se utilizan.

Sin más preámbulos, entendamos algunos términos utilizados en las criptomonedas.

Nota: Para fines ilustrativos, usaremos una conversación entre dos personas para ayudarlo a comprender el contexto en el que se pueden usar los diferentes términos.

Criptomoneda

Ilustración:

Kevin: "Joe, mi buen amigo, he estado intercambiando criptomonedas desde hace un tiempo. Es genial para hacer algo de dinero adicional".

Joe: "¿Qué quieres decir con criptomonedas, Kevin? ¿Qué es eso? ¿Quizás te refieres a forex?

Kevin: "No Joe, me refiero a Bitcoin y otras monedas".

Dirección

Esto se puede describir como un código para enviar, almacenar, recibir Bitcoins y otras monedas criptográficas. Consta de entre 26 y 35 caracteres. También podría decir que es la clave pública utilizada por los titulares de la criptomoneda para firmar transacciones digitalmente.

Ejemplo de una dirección:
175tWpbnb8K1S7NmmsH4Zx6rkiewF9WQrcZv245W

Ilustración:

Kevin: "Dime, Joe, ¿cuál es tu dirección para que pueda enviarte un poco de Bitcoin?

Joe: "Es la calle 93 de Almería".

Kevin: "No Joe, ¡vamos! No estoy pidiendo tu dirección de casa. ¡Me refiero a tu Bitcoin uno! Y, por cierto, ¡asegúrate de darme la dirección correcta o tus monedas se perderán!

Joe: Oh, sí disculpa. Es
175tWpbnb8K1S7NmmsH4Zx6rkiewF9WQrcZv245W

Altcoin – Monedas alternativas

Este es el nombre aceptado por la comunidad para cualquier moneda diferente al Bitcoin. Los Altcoins incluyen Ethereum, Monero, Dodgecoin y Dash.

Ejemplo: Steem, Litecoin, Ethereum y Dogecoin.

Ilustración:

Kevin: Joe, ¿conseguiste comprar algunos buenos altcoins?

Joe: Oh, ¡de hecho lo hice, Bob! ¡Compré un poco de Litecoin, un poco de Dogecoin y un montón de POTcoin! Te digo que hoy tenía la suerte de mi lado.

Block - Bloque

Estas son esencialmente las páginas en un libro de contabilidad o libro mayor. Los bloques son aquellos archivos en los que los datos no se pueden modificar, que están relacionados con la red, y se almacenan permanentemente. Dado que estos datos no se pueden eliminar ni interrumpir de ninguna manera, estarán disponibles para siempre.

Blockchain

Básicamente, esta es una lista completa de todos los bloques que se han extraído desde la creación de Bitcoin u otra criptomoneda relevante.

Block reward – Recompensa de bloque

Esto se refiere a la recompensa que se obtiene por el hashing, es decir, la resolución de la ecuación matemática, que está relacionada con un bloque en particular. Por ejemplo, se otorgan 25 bitcoins por cada bloque extraído. Esto generalmente se reduce a la mitad por cada 210,000 bloques.

Ilustración:

Kevin: "¡Estoy ganando casi $ 3 al día minando Dogecoin y Litecoin!"

Joe: "Hermano, necesitas actualizar tus contratos de minería. ¡Estoy haciendo al menos 15 veces esa cantidad en Ethereum! "

Dificultad minera

Este término apunta a un número. Este número determinará lo difícil que es hacer un bloque nuevo. Es relativo al número máximo permitido en una determinada porción numérica del hash de un bloque. Cuanto más bajo sea este número, más difícil será producir un valor hash que se ajuste a él.

Hash

Este es un proceso matemático, que toma una cantidad de datos variables y produce salidas más cortas y de longitud fija.

DDoS

Este es un ataque de "denegación de servicio distribuido". Utiliza una gran cantidad de computadoras que el atacante tiene bajo su control para drenar los recursos de un objetivo centralizado.

Joe: "Oye, Kevin ¡No puedo sacar mis monedas de Coinbase y el valor está bajando rápidamente!"

Kevin: Eso es probablemente porque alguien le ha hecho un ataque DDoS. Joe, es por eso que es vital que guardes tus monedas en un monedero seguro".

Transacción de polvo

Esto se refiere a una transacción que involucra una cantidad muy pequeña de Bitcoin, que ofrece un bajo valor financiero, pero ocupa el mismo espacio en la cadena de bloques.

Ejemplo: Un "Satoshi" de Bitcoin

Ilustración:

Joe: "Kevin, ¡el Bitcoin está demasiado caro para comprar!"

Kevin: "No tienes que comprar un Bitcoin entero, amigo mío. En vez de eso, compra unos cuantos "Satoshis".

Depósito

Este es el acto de mantener activos o fondos en una cuenta de terceros para protegerlos en caso de una transacción anónima.

Fíat - Moneda fiduciaria

Esto se refiere a cualquier forma de papel moneda físico regulado y centralizado.

Ilustración:

Kevin: "Joe, espero que hayas estado cambiando tu Fiat por Bitcoin".

Joe: "Kevin, preferiría ahorcarme antes que manejar un Fiat".

Kevin: "Que cómico eres, Joe. Me refería a la moneda Fiat, no a Fiat como el modelo de automóvil.

FOMO

Esto significa "Miedo a perder", por sus siglas en inglés "Fear of missing out - FOMO". Es posible que el FOMO lo haya obligado a buscar este libro y a leerlo, lo cual es bueno.

FUD - MID

"Fear, Uncertainty, Doubt." - "Miedo, Incertidumbre, Duda"

Bifurcaciones

Esta es una divergencia permanente de una visión operativa alternativa del blockchain actual. Las bifurcaciones empezarán cuando ocurra un error en el programa o, más comúnmente, entrarán en juego un nuevo conjunto de reglas. Esto sucederá cuando un equipo de desarrolladores cree y luego inserte cambios que son notablemente importantes en el sistema.

En pocas palabras, esto es una alteración de la estructura de bloque de Bitcoin u otra criptomoneda, que tiene un efecto en las reglas de dificultad.

ICO

Esta es una "Oferta de Moneda Inicial". Esto se usa a menudo como una forma para que los nuevos proyectos de criptomonedas recauden dinero para el proyecto al ofrecer una cierta cantidad de monedas para vender al público al precio base.

Ilustración:

Joe: "Dime Kevin, ¿por qué mi token BNT vale mucho menos de lo que la compré en ICO?"

Kevin: "Joe, cometiste el error de comprar con esa publicidad. Nunca cometas el error de comprar basado en publicidad".

Minería

Esta es la acción de generar un nuevo Bitcoin mediante la resolución de problemas criptográficos a través de hardware informático.

Bombear y tirar

Esto se refiere a exagerar el valor de un activo financiero, dado que puede haber sido adquirido o producido a bajo precio a través de publicidad agresiva y declaraciones que en su mayoría son engañosas.

Ilustración:

Joe: "Que te digo Kevin, ¡Parkbyte está apuntando a la luna! ¡Cómpralo lo antes posible!

Kevin: "Joe, esto es lo que llamamos un bombear y tirar. Todo es una tontería. Me mantendría alejado si fuera tú".

Prueba de trabajo

Este es un sistema que vincula su capacidad de minería a su poder de cómputo.

Prueba de inversión

Este sistema utiliza su inversión existente para calcular la cantidad de moneda que puede minar.

Acortar

Esta es la acción de vender criptomonedas con la esperanza de volverla a comprar a un precio más barato y obtener ganancias.

Ilustración:

Joe: "Kevin, acabo de acortar mi Bitcoin a $ 2700. Estaré nadando en efectivo cuando caiga a $ 2000, como se espera que ocurra".

Kevin: "Oh, Joe, qué tonto eres. ¿Has revisado los precios en este momento? ¡Se disparó a $ 10,000! ¡Soy un hombre rico!

Monedero

Esta es una dirección física o digital donde se puede enviar, almacenar o recibir la criptomoneda. Es accesible utilizando una clave privada.

Ballena

Este es alguien que está en posesión de un porcentaje mayoritario de una criptomoneda.

Un buen ejemplo de un par de ballenas son los **Gemelos Winklevoss**.

Lo siguiente que cubriremos es la tecnología blockchain; la plataforma sobre la que operan las criptomonedas y acreditan su validez.

Tecnología blockchain

Encontrará el término "blockchain" muchas veces en lo que respecta a las criptomonedas, tanto en este libro como en cualquier otra fuente de información que lea. Por lo tanto, es importante que entienda qué es la tecnología blockchain y cómo funciona. Aquí, comprenderá de qué se trata la tecnología blockchain, así como las reglas que la gobiernan.

¿Qué es un blockchain?

Este es un libro público descentralizado y digitalizado de cada transacción de criptomoneda. Un blockchain crece constantemente a medida que más y más bloques "resueltos" se registran cronológicamente y se agregan a la cadena. Esto permite a los participantes del mercado monitorear las transacciones de monedas sin la necesidad de un método central de registro (piense en la situación que tiene en los bancos, por ejemplo). ¿Recuerda nuestra analogía con las manzanas en el capítulo 1 y que el público mantenga un registro de las manzanas digitales?

Cada nodo, es decir, cada computadora que es parte del sistema, descarga automáticamente una copia del blockchain completo. El blockchain constituye nuestro libro de contabilidad.

Diseccionando el "Blockchain"

Un "bloque" es la "parte" del blockchain actual. Registra algunas o todas las transacciones más recientes. Una vez completado esto, se genera un nuevo bloque. Un blockchain tiene un número infinito de bloques que están conectados entre sí, de la misma manera que varios enlaces se conectan generalmente en una cadena, en un orden correctamente cronológico y lineal.

Cada bloque tiene un hash del bloque anterior. El blockchain tendrá información completa sobre las diferentes direcciones de los usuarios y sus balances, desde el bloque de la génesis hasta el más reciente.

El blockchain fue diseñado para que las transacciones no puedan ser eliminadas. De hecho, los bloques se agregan a través de la criptografía, asegurándose de que permanezcan en una condición a prueba de cambios. Los datos pueden ser distribuidos, pero no pueden ser copiados.

El bitcoin y blockchains

El blockchain es, indiscutiblemente, la mayor innovación tecnológica del Bitcoin. Como ya se ha mencionado varias veces, el Bitcoin no está sujeto a ninguna regulación por una autoridad centralizada. Más bien, los usuarios del Bitcoin dictan y validan transacciones cuando una parte paga a la otra parte por bienes y servicios, eliminando efectivamente la necesidad de que una tercera parte procese y almacene los pagos. La transacción completada se registra públicamente en bloques y, finalmente, en el blockchain. Aquí, es verificado y luego retransmitido por otros usuarios del Bitcoin. En promedio, se agrega un nuevo bloque al blockchain aproximadamente cada 10 minutos por medio de la minería.

Extensiones de blockchain en el mundo real

Permítame usar un ejemplo de lo que sucede en la banca para explicar esto. Puede pensar en el blockchain como un historial completo de las transacciones financieras de una institución financiera. Cada bloque es como un extracto bancario individual. Pero como se trata de un sistema de base de datos distribuida que sirve como un libro electrónico abierto, el blockchain simplifica enormemente las operaciones comerciales para todas las partes. Por estas mismas razones, esta tecnología se ha vuelto muy atractiva no solo para las bolsas de valores y las instituciones financieras, sino también para muchos otros campos que se eliminan de la escena financiera, como la música. Los defensores también han sugerido que este tipo de sistema de registro electrónico puede ser muy útil si se aplica a los sistemas de votación, registro de vehículos y armas por parte de gobiernos, registros médicos e incluso en la confirmación de la propiedad de objetos de valor como las antigüedades.

Comparación entre la moneda digital y la moneda fiduciaria

El siguiente paso es comparar las monedas digitales y fiduciarias. ¿Cómo se compara la moneda digital con la moneda fiduciaria (tradicional)? Aparte del conocimiento obvio de que la moneda digital tiene solo valor de cambio (lo que significa que solo tiene valor cuando alguien más está dispuesto a pagar por él y, por lo tanto, no tiene valor de uso), ¿cuáles son las características sapientes de una moneda digital como el Bitcoin y cómo funciona? ¿Cómo se comporta frente a la moneda tradicional?

La moneda digital, a diferencia de la moneda fiduciaria, no está vinculada a ninguna institución o país

En muchos sentidos, la moneda digital como el Bitcoin es muy similar a la moneda tradicional. Tiene valor, puede usarse para comprar cosas y su valor depende de los cambios en diversas variables de mercado. Por ejemplo, ¡los recientes aumentos rápidos en la demanda de Bitcoins en el último año han incrementado su precio hasta un máximo histórico de $ 9,000!

Sin embargo, a diferencia de la moneda tradicional, la moneda digital no está vinculada a ninguna institución o país. Como tal, no está sujeta a autoridades como bancos y gobiernos, y no tienen control sobre ella.

La moneda digital se basa en la completa simplicidad, una moneda fiduciaria ideal parece estar huyendo de eso

Puede que no lo parezca al principio, especialmente debido a la base tecnológica de las monedas digitales, pero se basan en un ideal muy simple: personas de todas partes del mundo, de cualquier país o clase, deben poder intercambiar productos, créditos y servicios de forma libre, fácil e instantánea, sin necesidad de organismos intermediarios como bancos, pasarelas de pago y cuentas mercantiles. De esta manera, realmente es una transformación a una forma de comercio más pura en la que intercambió lo que tenía cuando pudo, sin tantos muros de por medio.

Puede que se esté preguntando, "¿pero no complica esta simplicidad la plataforma basada en tecnología y la confianza en Internet?" Piense en esto, sin embargo. ¿De qué otra manera se lograría ese alcance global si el Internet y la tecnología estuvieran fuera de la ecuación? Internet es la plataforma más sencilla y práctica disponible.

La moneda digital tiene paralelos con el oro, algo de lo que la moneda fiduciaria no puede presumir

Con el oro, cuanto más se mina, menos queda y, como resultado, más aumenta su valor. Los principios inmutables que gobiernan el Bitcoin son similares. La tecnología del Bitcoin solo puede producir una cierta cantidad de Bitcoin. Por lo tanto, mientras más Bitcoins se produzcan, más difícil será crear nuevos. Es por eso que decimos "minería de bitcoin". Por otra parte, el dinero fiduciario no tiene unos principios tan claros gobernándolo, por lo que los gobiernos son capaces de seguir imprimiendo más y más, lo que inevitablemente lleva a la caída de su valor.

Tras familiarizarse con el Bitcoin, puede comenzar a invertir en él. Esta es la única oportunidad que tiene para probar el conocimiento que ha obtenido hasta ahora. Entonces, en el siguiente capítulo, estaremos adentrándonos en las dificultades para invertir en bitcoin y ayudarlo a comenzar con su inversión.

Invirtiendo en Bitcoin

Esta guía reconoce que bitcoin sigue siendo una de las muchas criptomonedas de moda que puede elegir como su vehículo de inversión. Es importante tener en cuenta que bitcoin posee un gran potencial para actualizar los muchos cuentos de hadas con el tema 'de la pobreza a la riqueza', pero sigue siendo impredecible, principalmente debido a su volatilidad. Entonces, como principiante, es prudente considerar invertir solo esa cantidad de dinero que está listo para arriesgarse a perder.

Recuerde, a medida que envejece, sus responsabilidades financieras aumentan. Por lo tanto, las siguientes pautas lo ayudarán a evitar pasar por cualquier tormento emocional, en caso de que su inversión en bitcoin no funcione como pensaba:

- Si tiene más de 40 años, entonces dirija el 10% de sus inversiones a bitcoin, mientras que el 70% aún debería destinarse a las formas tradicionales de inversión.

- Si tiene entre 30 y 40 años, considere invertir un 20% en bitcoin, mientras que los otros métodos de inversión tradicionales toman el 60% restante.

- Pero si tiene menos de 30 años, dejar que hasta un 30% de sus inversiones sean en forma de bitcoin no será una mala idea.

Las pautas anteriores no deben tomarse como tal. Puede diversificar sus monedas tanto como pueda, dependiendo de su nivel de tolerancia al riesgo.

Con eso en mente, comencemos con la inversión en bitcoins.

Empezando

Comenzar con Bitcoin es bastante fácil, incluso para un principiante. Simplemente descargue la aplicación o use la aplicación web para comenzar a comerciar con bitcoin. Una vez que inicie sesión en la red de bitcoin, encontrará 3 aplicaciones principales del software cliente de bitcoin. Si está lo suficientemente interesado, también notará que existe otra implementación, que se conoce como el "Cliente Satoshi" o una "implementación de referencia". El Cliente Satoshi se deriva de la aplicación original creada por Satoshi Nakamoto y, normalmente, es administrado por un equipo de desarrolladores como proyecto de código abierto.

A continuación, se muestran las tres formas principales de clientes que encontrará en la red de bitcoin:

- Un cliente web: puede acceder a un cliente web a través de un navegador web. La característica más sorprendente de esta implementación es que tendrá que almacenar su monedero en un servidor que es propiedad y está controlado por un tercero. Un cliente web funciona de una manera similar a su correo web, porque depende completamente de un servidor de un tercero.

- Cliente ligero: con esta implementación, tendrá la oportunidad de almacenar su monedero, aunque seguirá dependiendo de un servidor que sea propiedad de un tercero para obtener acceso a la red y las transacciones de bitcoin. El cliente light no almacena una copia completa de todas las transacciones. Y ahí es donde los servidores de terceros son útiles, ya que llevan a cabo todo el proceso de validación de todas las transacciones. Puede comparar esto con un cliente de correo electrónico independiente que debe estar conectado a un servidor de correo para poder acceder al buzón. En este caso, el cliente ligero depende de un tercero para interactuar con la red.

- Cliente completo: esto también se llama un nodo completo. Si usted tiene este tipo de cliente, puede almacenar el historial completo de las transacciones de bitcoin e iniciar transacciones directamente en la red de bitcoin mientras administra sus carteras. Esto funciona de la misma manera que un servidor de correo electrónico independiente porque tiene el potencial de llevar a cabo todos los aspectos del protocolo sin la asistencia de servicios de terceros u otros servidores.

Su elección del cliente de bitcoin dependerá únicamente de la cantidad de control que desee sobre sus fondos. Operar una cuenta de cliente completa le dará el mayor nivel de independencia y control. Sin embargo, tendrá que encontrar mecanismos efectivos para respaldar sus transacciones y asegurar sus fondos. Por otro lado, si desea una forma más fácil de configurar una cuenta y realizar transacciones sin preocuparse por sus problemas de administración y operación, entonces opte por un cliente web. Pero debe saber que un cliente web abre sus transacciones y fondos a riesgos de la contraparte porque eventualmente tendrá que compartir la seguridad y el control con el propietario del servicio web. Esto significa que, si la cartera del servicio web se ve comprometida, como ha sido reportado en muchas ocasiones, correrá el riesgo de perder todos sus fondos.

Tenga en cuenta que aún puede realizar transacciones en la red de bitcoin como un cliente completo utilizando un teléfono inteligente, especialmente si su teléfono utiliza el sistema Android. Como cliente móvil, puede incluso sincronizarse con un cliente web o de escritorio, y obtener un monedero multiplataforma que se administre en múltiples dispositivos informáticos, aun conservando una fuente común de fondos.

Tener un conocimiento profundo de las diversas formas de clientes de bitcoin le permitirá evaluar la viabilidad a largo plazo de su opción preferida y determinar si tiene la capacidad para ejecutarlo y administrarlo. Una vez que haya hecho una elección, nada debería impedirle seguir adelante e invertir en Bitcoin.

Pasos para invertir en Bitcoin

La naturaleza descentralizada del bitcoin hace que sea más fácil para usted comenzar a operar. La tecnología continúa evolucionando para hacer que su comercio sea más seguro y más placentero, de modo que esencialmente pueda realizar transacciones desde cualquier rincón del mundo y obtener más beneficios. Así mismo, puede seguir los pasos a continuación para comenzar a operar en la red de bitcoin:

Paso 1: Crear un monedero de Bitcoin

En este paso, debe registrarse para obtener un monedero de bitcoin. Un monedero de bitcoin es una cuenta digital que le permitirá realizar cualquier transacción en la red de bitcoin. Con este monedero, usted puede comprar, almacenar y vender sus bitcoins fácilmente. Su monedero simplemente actúa como una cuenta de cheque universal normal que puede usar para acceder a la red de bitcoin. Sin embargo, abrir un monedero de bitcoin es más fácil y lleva muy pocos minutos, a diferencia de cuando se desea abrir una cuenta de cheques. Puede inscribirse en un monedero de la siguiente manera:

- Tenga en cuenta que existen 2 tipos de monederos: monedero web y monedero de software. Un monedero web que es manejado por un tercero, y un monedero de software que se refiere al tipo de monedero que tendrá que instalar en su propio dispositivo móvil o computadora. Con un monedero de software, usted obtiene el control total de sus fondos, aunque puede que le resulte difícil instalar y mantener dicho monedero.

El mercado tiene una variedad de monederos para elegir. Pero recuerde, su intención es invertir fondos en bitcoin. Por lo tanto, haga todo lo posible para elegir el monedero de bitcoin correcto. Si se toma este problema a la ligera, corre el riesgo de perder sus fondos. Puede considerar los siguientes puntos antes de elegir un monedero:

✓ Seguridad del monedero: este es un punto crítico que no debe pasar por alto, especialmente si opta por un monedero web. ¿Comprobar el sitio web y determinar si tiene HTTP o HTTPS? En la mayoría de los casos, HTTPS representa un protocolo seguro. Además, ¿el monedero ofrece inicios de sesión que son seguros y fuertes? ¿O proporciona un 2FA (autenticación de dos factores)?

✓ Averigüe si el monedero tiene buena reputación o no: ¿no está en busca del mejor monedero? Entonces, vaya a los foros de Internet, como Bitcoin Fórum o Bitcoin Reddit, y lea opiniones y percepciones de personas sobre el monedero. Puede ir más allá y preguntar a sus compañeros si alguna vez han usado ese monedero y cuál fue su experiencia.

✓ Cómo realizar una copia de seguridad de su monedero: ¿el proveedor del monedero le ofrece opciones de copia de seguridad? ¿La copia de seguridad contiene cifrado de datos? ¿Existe un proceso de restauración de copia de seguridad? ¿Es este proceso de restauración fácil de usar? Asegúrese de obtener las respuestas correctas a estas preguntas antes de comenzar a cargar su monedero con bitcoins.

✓ La experiencia de usuario con el monedero: el monedero debe ser fácil de usar. Asegúrese de que sea lo más simple posible y que no requiera mucha experiencia para que lo pueda usar cómodamente. A veces, su uso previsto de los bitcoins determinará el tipo de monedero que puede necesitar. Por ejemplo, puede descubrir que hay un monedero que es más adecuado para dispositivos móviles, que puede funcionar bien para un principiante. Pero, a medida que se convierte en un usuario avanzado, la mejor alternativa es descargar un cliente de bitcoin completo en su computadora personal. Además, sería una mejor idea almacenar su bitcoin fuera de línea utilizando dispositivos de hardware como monedero, si desea utilizar un enfoque más sólido.

✓ Anonimato: algunos proveedores de monederos pueden pedirle que se registre antes de realizar las transacciones, mientras que otros aceptan información de registro mínima. También puede encontrar casos en los que deba someterse a procesos de verificación de usuarios, como los procesos "Conozca a su cliente" o "Know Your Costumer" por sus siglas en Ingles KYC, etc. Estos son algunos de los temas que debe tener en cuenta, especialmente si el anonimato es un tema importante para usted.

✓ Transparencia: averigüe si el proveedor del monedero es lo más transparente posible. ¿Puede usted saber quiénes son y cómo funcionan? ¿Qué tal es el código del monedero? ¿es de código abierto? Recuerde, las revisiones de puntos y las comprobaciones de vulnerabilidad pueden realizarse fácilmente en un código de fuente abierta. Además, el código fuente debe mantenerse actualizado. Si alguno de los problemas anteriores no se responde de manera satisfactoria, entonces no puede estar seguro de que su proveedor de monedero esté comprometido a proteger sus bitcoins. Además, ¡no querrá arriesgarse a quedarse mirando cómo el agente cambiario se lleva sus fondos! Por lo tanto, asegúrese de que sea lo más fiable posible.

✓ ¿Es la reutilización de la dirección promovida por la dirección? En pocas palabras, averigüe si el monedero es determinante jerárquico o "Hierarchical Deterministic" por sus siglas en inglés HD o no. Recuerde, los monederos HD emplean el uso constante de nuevas direcciones de bitcoin, una característica que mejora la privacidad del usuario. A medida que comience a utilizar monederos, se dará cuenta de que la privacidad del usuario sigue siendo un problema importante que afecta a muchos usuarios de la red de bitcoins. Por lo tanto, un monedero determinista tiene una arquitectura bien redondeada que mejora la protección del usuario.

✓ ¿Es usted dueño de sus bitcoins? Su proveedor de monedero debe permitirle acceder a las claves privadas de su monedero de bitcoin. Una clave privada de bitcoin se refiere a una clave (al igual que la clave física) que normalmente tiene un número de 256 bits y puede permitirle acceder a sus bitcoins. Un ejemplo de una clave privada podría ser 16qy2iLQ7d4MiEkKWYau6mfRNHUGZ3NzHz. La forma más segura de tener control sobre su bitcoin es poseer la clave privada de su monedero. Con la clave privada, también puede hacer una copia de seguridad de su monedero de otras formas que no sea con el servicio de monedero.

✓ El monedero debe tener una opción de firma múltiple ("Multisig"): esta opción es una medida de seguridad adicional que le ayuda a proteger su bitcoin de atacantes y robo. Con la función "Multisig", una transacción de bitcoin requerirá más de una clave para autorizarla y validarla. Esto significa que se deben consultar más partes antes de que se puedan gastar los fondos. Para explicar con más detalle, la función "Multisig" se asemeja a una caja de seguridad, que requiere la presencia de al menos 2 partes con claves diferentes que deben usarse para abrir la caja de seguridad.

✓ Liquidez: este es un tema crítico, especialmente si tiene la visión de convertirse en un gran comerciante de bitcoin. Necesitará un monedero o un agente cambiario que tenga una alta liquidez y una elaborada profundidad de mercado para poder realizar sus actividades sin ninguna restricción.

Puede acceder a Bitcoin.com y obtener su monedero oficial, o cualquier otro monedero que se adapte a su escritorio o plataformas móviles. Sitios como Hivewallet.com, Blockchain.info, Kraken, Coinmkt.com y Coinbase.com también son algunos de los ejemplos de sitios acreditados, fiables y fáciles de usar que puede utilizar un principiante para crear su primer monedero.

También, tiene la libertad de usar una variedad de monederos para diferentes propósitos, para que no esté limitado en la forma en que realiza sus transacciones en línea. Esto se debe a que muchos monederos pueden parecer tener características similares, aunque solo pueden realizar funciones específicas mientras poseen inconvenientes peculiares. Por ejemplo, Hive solo opera en plataformas Mac, aunque contiene una tienda de aplicaciones que se enlaza con otros servicios de bitcoin. Adicionalmente, el monedero Armory está diseñado específicamente para satisfacer su seguridad mejorada. Sin embargo, el monedero Hive puede funcionar bien para usted como principiante y ambos monederos pueden tener peculiaridades de instalación únicas.

Una vez que haya establecido la autenticidad de su posible proveedor de monedero y confíe en que sus bitcoins pueden estar a salvo en su custodia, puede crear su monedero siguiendo los pasos a continuación:

- Puede crear un monedero de software de la siguiente manera:

  o Ejecutar una búsqueda en google para el monedero de software de bitcoin.

  o Asegúrese de descargar un monedero original. En este caso, puede optar por <u>Bitcoin Core</u>, ya que ha sido minuciosamente analizado y modificado para incluir más funciones de seguridad mejoradas.

  Después de instalar el software, se le pedirá al cliente de bitcoin que realice una búsqueda de la red e inicie el proceso de descarga del blockchain de bitcoin. Esto puede llevar unos minutos, así que tenga paciencia y espere a que se complete el proceso. Recuerde, debe asegurarse de que todos los bloques estén disponibles en la cadena antes de poder comenzar a enviar o recibir cualquier transacción.

  o Algunos monederos ocupan menos espacio en el disco duro. Estos se llaman monederos ligeros y parecen ser fáciles de usar para la mayoría de los principiantes. La instalación de un monedero de este tipo puede ser una buena idea, ya que no descargará una versión completa del blockchain, y a la vez funcionará a una mayor velocidad. Esto se debe a que solo se utiliza una pequeña parte del blockchain a la vez, lo que aumenta su velocidad de operación. Electrum es uno de estos monederos ligeros. Sin embargo, tenga en cuenta que tales monederos no son muy seguros.

- Usted también puede configurar un monedero web. Recuerde, un monedero web almacenará todas sus claves privadas en su servidor, que normalmente es manejado por un tercero y controlado por varias personas. Esto lo hace algo popular, porque se puede acceder a él desde cualquier lugar. También puede obtener un monedero que vincule convenientemente tanto su software como los monederos móviles. Sin embargo, el sitio web puede "robar" sus bitcoins, ya que tienen control sobre todas sus claves. Una vez más, muchos monederos web son propensos a serias violaciones de seguridad; por lo tanto, asegúrese de conocer estos riesgos antes de comenzar a invertir sus fondos. Configurar un monedero web es un proceso tan fácil como se explica a continuación:

  o Busque su monedero de elección después de iniciar Google Play Store. Puede usar cualquier motor de búsqueda con el que se sienta cómodo.

  o Instale la aplicación del monedero y ábralo después de la instalación.

o Haga clic en "crear un nuevo monedero", continúe con la configuración y seleccione "copia de seguridad".

o Necesitará un bolígrafo y un pedazo de papel. Seleccione "Semilla máster de copia de seguridad".

o Se le pedirá que realice un proceso de verificación. Por favor siga las instrucciones que se le darán.

o Luego, haga clic en "Establecer código PIN". Se le solicitará que ingrese su PIN, preferiblemente de seis dígitos.

o También se le pedirá que confirme su pin. Esto significa esencialmente que ha configurado su cuenta. Entonces, comience a desplazarse por la aplicación para familiarizarse con las diversas características de su nuevo monedero. Puede comenzar a enviar, recibir, comprar o vender bitcoins simplemente tocando la pestaña de saldo y seleccionando la acción de su elección.

o Recuerde, si está interesado en tener monederos anónimos, también puede obtenerlos en línea. Sin embargo, la mayoría de estos monederos son menos seguros y no pueden ofrecer mucho en términos de garantía. Además, tales servidores fluctúan constantemente en la estabilidad de sus monedas y son vulnerables a ser hackeados de vez en cuando. Dark wallet es un ejemplo de monedero anónimo y funciona como una extensión de Chrome.

Por favor siempre tenga en cuenta que un monedero es simplemente un conjunto de direcciones y las claves correspondientes que puede utilizar para desbloquear los fondos. Por lo tanto, no hay absolutamente ningún límite en la cantidad de direcciones que puede crear, siempre que tal movimiento le ayude a seguir mejorando su privacidad en línea. Y si su monedero le permite cambiar las direcciones con la mayor frecuencia posible, entonces no tiene que arriesgar sus fondos registrándose en un monedero anónimo.

- Una vez que haya configurado su monedero, puede comenzar a recibir algunos bitcoins. Esto se puede hacer de varias maneras. Por ejemplo, si desea recibir bitcoins de un remitente que se encuentra cerca de usted, puede simplemente indicar la dirección (que es el número que se muestra en su pantalla) o incluso escanear el código QR. Pero si el remitente está lejos, simplemente seleccione la dirección y cópiela en el portapapeles antes de pegarla y enviarla al posible remitente. También puede hacer clic en "compartir dirección vía" y seleccionar su método preferido, desde las opciones que se le mostrarán.

- También puede enviar bitcoins a otros usuarios. Puede lograr esto simplemente escaneando el código QR o ingresando la dirección manualmente. Verifique y elija la opción correcta entre bitcoin (BTC) y USD (dólares americanos) antes de ingresar la cantidad. Verá el letrero "USD o BTC" en la esquina superior derecha de su teléfono, que puede simplemente tocar para hacer su elección deseada. También tendrá que seleccionar la tarifa de transacción. Esto normalmente se indica como la "tarifa del minero". Generalmente, la velocidad a la que los bitcoins llegan al destinatario determina el monto de la tarifa del minero. Si desea que se transfieran lo más rápido posible, incurrirá en cargos más altos. Esto esencialmente hace que la tarifa minera sea una compensación entre tiempo y costo.

A veces es posible que desee almacenar su bitcoin para un uso posterior. Este enfoque se emplea normalmente cuando se practica la estrategia de compra y venta especulativa de invertir en bitcoin. En tal caso, no es una buena idea almacenar bitcoin en monederos en línea, aplicaciones móviles, monederos de computadora o agentes de cambios. Por lo tanto, veamos cómo puede almacenar Bitcoin para inversiones a largo plazo:

Almacenamiento de Bitcoin a largo plazo

Es importante tener en cuenta la seguridad de sus fondos si desea almacenar su bitcoin para usar a largo plazo. El problema de la seguridad es aún más crítico si planea almacenar grandes cantidades de bitcoin. Por ejemplo, notará que su agente cambiario de bitcoins tiene una función de retiro instantáneo y también es un administrador sobre numerosas cantidades de bitcoins.

Por lo tanto, debe idear una medida estricta que pueda ayudar a minimizar la posibilidad de que un intruso le robe su bitcoin en caso de que haya una violación de seguridad. Como tal, es una buena idea considerar adoptar el almacenamiento en frío como una precaución de seguridad necesaria.

El almacenamiento en frío simplemente significa que mantendrá una reserva de bitcoins fuera de línea. En eso, debe asegurarse de que su bitcoin no esté disponible en la web o en cualquier otro dispositivo informático. Sin embargo, es una buena idea dejar una pequeña cantidad de bitcoin en el servidor para encargarse de los retiros esperados.

Puede utilizar los siguientes métodos para el almacenamiento en frío de bitcoin:

- Almacenamiento en un monedero basado en hardware: este es un dispositivo electrónico a prueba de manipulaciones para el almacenamiento fuera de línea de las claves privadas de sus monedas. Las claves privadas y las firmas digitales que necesitará antes de gastar bitcoins normalmente se crean a través de este monedero. A medida que adquiera su monedero de hardware, recuerde anotar la frase de recuperación (palabra semilla) en un papel y luego guárdela de manera segura. ¡Trate esto del mismo modo que trata su dinero! Considere hacer dos o tres copias y distribuirlo. Al desconectar las llaves, habrá eliminado por completo la posibilidad de ser hackeado.

  Varios monederos de hardware tienen diferentes características que los hacen únicos y más seguros. Por ejemplo, algunos monederos tienen una pequeña pantalla digital que contiene una interfaz de usuario, mientras que otros tienen tarjetas de red de seguridad que se pueden usar para realizar procesos de verificación de sus transacciones de bitcoin.

  La mayor ventaja de usar un monedero de hardware es que incluso si lo daña o lo pierde accidentalmente, solo necesita la frase de recuperación y podrá restaurar fácilmente sus bitcoins. Además, un intruso no puede transferir bitcoins de su monedero a menos que tenga acceso a su pin secreto. Y ningún troyano o grabador de pantalla espía puede grabar nada que tenga lugar en su monedero, porque tiene una pantalla LCD dedicada y no usa su computadora o los recursos del sistema.

Debido a la alta demanda, la mayoría de los monederos de hardware tienen un período de espera de más de un mes; por lo que necesita pedir el suyo a tiempo para evitar inconvenientes. Hay muchos monederos de hardware en el mercado. Algunos de los más populares son:

o **Trezor**: esta es una herramienta segura de almacenamiento de bitcoins y firma de transacciones que fue pionera en la era de los monederos de hardware. Trezor utiliza una estructura de monedero determinista y puede alojar un número ilimitado de claves. Tiene una forma distintiva de ingresar el pin, lo que ayuda a garantizar que los keylogger no puedan grabarlo, en caso de que lo use en una computadora comprometida. Puede establecer una frase de contraseña de cifrado en la parte superior del PIN y usar más frases de contraseña para una negación plausible.

o **Ledger Nano S**: este producto de una iniciativa con sede en Francia, tiene un aspecto europeo elegante y atractivo. Tiene una clave semilla de respaldo que puede usar para recuperar sus bitcoins. Además, tiene una interfaz OLED que es fácil de usar y una sensación de unidad flash, y contiene dos botones en el lado que puede usar para navegar por la interfaz. El Ledger Nano S es un dispositivo sin batería que se puede conectar a un dispositivo móvil o PC a través del USB. Se considera que es el más barato a pesar de que admite otras ocho criptomonedas en este momento.

o **Keepkey**: Este monedero es más grande que Ledger Nano S y Trezor. Por lo tanto, puede que le resulte un poco voluminoso. Actualmente, admite seis criptomonedas, aunque funciona igual que los otros monederos.

- Almacenamiento en un monedero de papel: también puede usar monederos de papel para mantener su bitcoin seguro. Un monedero de papel se puede describir como un documento que tiene copias de las claves privadas y públicas que constituyen un monedero. En la mayoría de los casos, un monedero de papel tendrá códigos QR, que le permitirán realizar una transacción con solo escanearlos rápidamente y agregar las llaves a su monedero de software.

Un monedero de papel no puede ser sometido a fallos de hardware o delitos cibernéticos porque no hay un almacenamiento digital de las claves. Sin embargo, siempre tenga más cuidado al crear su monedero de papel porque su contraseña puede ser filtrada a otras partes. Además, no debe perder su monedero de papel, ya que esto esencialmente significa que también corre el riesgo de perder su dinero. Puede crear un monedero de papel de la siguiente manera:

  o En su navegador, entre a **BitAddress.org** para poder generar una nueva dirección

  o Se le pedirá que escriba caracteres al azar en un formulario o simplemente mueva el cursor para crear algo de aleatoriedad.

  o Se le presentarán sus claves privadas y públicas. En esta coyuntura, no debe escanearlos.

  o A continuación, haga clic en la pestaña "Monedero de papel" y seleccione el número de direcciones que desea generar.

- Puede hacer clic en el botón "¿Ocultar arte?", especialmente si no está interesado en mantener el diseño de bitcoin.

- A continuación, comience a crear sus nuevos monederos haciendo clic en el botón "Generar".

- Tan pronto como cree su monedero, puede hacer una copia impresa haciendo clic en el botón "Imprimir".

- Se le pedirá que seleccione la impresora que desea utilizar. Si está utilizando el navegador Google Chrome, también podrá guardar la página como un archivo PDF.

- Escriba las direcciones públicas o escanee el código QR de la dirección pública en su aplicación de bitcoin para que pueda comenzar a depositar fondos.

Si está utilizando el sitio web Blockchain.info, puede ir a la opción de monedero de papel básico y buscar el enlace "Monedero de papel" en el menú de la izquierda después de hacer clic en la opción "Importar / Exportar". Bitcoinpaperwallet.com también le ofrece una opción de monedero de papel más sofisticado. Recibirá un diseño de monedero de papel que es a prueba de manipulaciones y puede solicitar etiquetas holográficas que indiquen si el monedero ha sido manipulado o no. Se le entregará un CD de Ubuntu de arranque que también tiene un monedero de papel preinstalado. También puede tomar las siguientes medidas para hacer que su monedero sea más seguro:

- Asegúrese de que nadie lo vea mientras cree su monedero.

o La ventaja de usar BitAddress es que admite el cifrado de claves privadas a través de un algoritmo BIP38 único que proporciona a su monedero una autenticación de dos factores. Sin embargo, esto significa que debe usar el mismo sitio web para poder descifrar la clave privada.

o El uso de un sistema operativo limpio lo ayudará a evitar el riesgo de que algún tipo de software espía controle sus actividades. Puede crear un DVD o unidad flash USB que contenga una distribución de Linux "LiveCD", como Ubuntu.

o Después de usar un sitio web para configurar un monedero de papel, el código del sitio web aún puede funcionar sin conexión. Por lo tanto, debe desconectar su computadora antes de poder comenzar a crear las claves públicas y privadas.

o El uso de una impresora que no esté conectada a la red también garantizará que obtenga mayor seguridad para su monedero de papel.

o Lamine su monedero de papel para mejorar su durabilidad y resistencia contra el agua. Guardarlo en una bolsa de plástico sellada también es una buena idea.

o Si es posible, también puede guardar su monedero de papel en una caja fuerte para protegerlo de incendios y robos. También puede considerar confiar el monedero de papel a un abogado; este puede ser la misma persona en la que confía para mantener su última voluntad o testamento.

o Almacenar su monedero en varios lugares también mejorará la redundancia. Puede utilizar cajas de depósito o incluso familiares de confianza.

Una vez que haya creado su monedero, recuerde mantener su contraseña segura. Manténgala lo más lejos posible de su identificador de monedero. Además, es prudente seguir descargando una copia de seguridad cada vez que reciba una transacción o inicie sesión, y protéjala lo más que pueda. También puede comenzar a construir su propio monedero de hardware, especialmente después de adquirir más conocimientos de tecnología.

Armado con su monedero seguro, es el momento de realizar transacciones en bitcoin. Para una nueva transacción, es posible que deba pagar un mínimo de 0.01 BTC como tarifa de transacción.

Paso 2: conecte su monedero a su cuenta bancaria

Este paso consiste en llenar su monedero con bitcoins. Para llevar a cabo este paso, deberá proporcionar a su agente cambiario los detalles financieros de su cuenta bancaria del mundo real de la misma manera que lo haría si estuviera inscribiéndose en cualquier servicio de pago en línea, como al crear una cuenta de PayPal.

Deberá proporcionar detalles como su nombre completo tal como aparece en su cuenta bancaria, el número de ruta de la cuenta y el número de cuenta. Puede obtener esta información en sus cheques de papel o en su cuenta bancaria en línea.

Los agentes cambiarios tendrán diferentes procedimientos. Simplemente siga las instrucciones y complete el proceso según lo solicitado. Sin embargo, el procedimiento tomará la forma de:

Este ejemplo se basa en el intercambio con Coinbase.

- Inicie sesión y abra la página de Métodos de pago.

- Seleccione "Vincular una cuenta bancaria".

- Por lo tanto, siga adelante y seleccione su banco de las opciones anteriores. Si su banco no está en la lista, simplemente haga clic en "Otro banco".

- Una vez que seleccione uno de los bancos en la lista, aparecerá una pantalla de inicio de sesión específica para su banco.

- Ingrese su nombre de usuario y contraseña en línea según lo solicitado, para completar el proceso único de verificación. Diferentes bancos tienen diferentes procedimientos de seguridad. Así que siga las instrucciones como se indica. Algunos bancos pueden pedirle que responda preguntas de seguridad adicionales, como ingresar su PIN. Se dará cuenta de lo sencilla, segura y rápida que es la verificación. Toda la información que ingresa en este paso, como su nombre de usuario y contraseña, no se almacena en Coinbase; más bien, se elimina inmediatamente después de que se complete el proceso de verificación de su cuenta bancaria.

  Sin embargo, si no se siente cómodo compartiendo su nombre de usuario y contraseña de banca en línea, puede continuar seleccionando la opción "Otro banco" en el menú principal antes de elegir el proceso de Verificación de depósitos. Pero tendrá que ser paciente durante 2 ó 3 días para poder completar este proceso.

- Al seleccionar la opción "Otro banco", el sistema le solicita el nombre de su cuenta bancaria, el número de cuenta bancaria y el número de ruta del banco. Eso no es todo; se le pedirá que ingrese o seleccione el tipo de cuenta que desea vincular, es decir, si se trata de cheques comerciales, ahorros o cheques.

- Después de introducir los detalles de su cuenta, puede continuar con el proceso utilizando la "verificación instantánea de la cuenta" (donde se le solicitará que ingrese sus credenciales bancarios en línea) o el proceso de "verificación de depósito".

- El procedimiento de verificación de depósito iniciará dos pequeños depósitos de prueba en su cuenta. También se iniciará un débito por el monto combinado.

- Los depósitos deben llegar a su cuenta en el trascurso de dos a tres días. Así que vaya a su página de "Métodos de pago" y verifique su cuenta. Simplemente haga clic en el botón rojo "verificar". Aparecerá la ventana de verificación, donde puede introducir los dos montos de depósito y completar el proceso haciendo clic en "Verificar los montos de depósito".

  En este punto, se verifica su cuenta bancaria y puede comenzar a comprar bitcoin.

- Siéntase libre de agregar o cargar su tarjeta de crédito o débito (MasterCard o Visa) directamente, incluso cuando compre bitcoin. Los fondos que compra a través de dicha opción normalmente se acreditan en su cuenta inmediatamente.

Además, algunos agentes cambiarios pueden permitirle retirar USD de su monedero por transferencia bancaria o a su cuenta vinculada. Otros también pueden permitirle realizar un pedido de venta, en cuyo caso los ingresos de su USD se pagan a su cuenta de PayPal o vinculada.

Recuerde, vincular su cuenta bancaria a su monedero de bitcoin podría representar un gran riesgo para su seguridad personal, así como para sus compras en línea. Por lo tanto, como requisito previo, asegúrese de que su agente cambiario o monedero garantice altos estándares de seguridad y cifrado. De lo contrario, podría convertirse en un blanco fácil para muchos hackers y estafadores en línea.

Paso 3: Uso de los fondos en su cuenta bancaria para comprar Bitcoin

Este es un paso bastante sencillo que implica la compra de bitcoin y la incorporación a su monedero. Una vez que llegue a la página de su monedero, verá una opción que está etiquetada como "Comprar Bitcoin" o algo parecido. Por lo tanto, simplemente haga clic en esta opción y siga las instrucciones que se le darán para comprar su primer bitcoin, usando el dinero de su cuenta bancaria.

Sin embargo, aún puede comprar bitcoins si no quiere usar su monedero o si desea ser lo más anónimo posible. Esto significa que puede comprar bitcoins desde cualquier lugar del mundo, a través de opciones como corredores, comerciantes locales, cajeros automáticos e incluso tarjetas de regalo. En tales circunstancias, su capacidad para comprar bitcoin se basará en:

- Su lugar de residencia: aunque es posible comprar bitcoins alrededor del mundo, siempre busque las opciones disponibles en su país. Por ejemplo, Estado Unidos Y Canadá siguen siendo los mercados más grandes para bitcoins y, como comprador, encontrará una amplia variedad de opciones para el comercio de bitcoins. Los intercambios (como Bitstamp; GDAX y Bitfinex de Coinbase), los mercados peer-to-peer (como Bitsquare Bitquick, Paxful y LocalBitcoins) y los agentes cambiarios directos (Kraken y Coinbase) son algunas de las opciones más comunes. Tenga en cuenta que las compras realizadas en bolsas son más baratas que en los mercados peer-to-peer.

- El método de pago: en la mayoría de los casos, comprar bitcoin implica enviar dinero a otra persona. Esto significa que, si su país tiene un sistema financiero mejor y más avanzado, entonces puede cambiar fácilmente su dinero por bitcoin. Siempre tenga en cuenta que la moneda fiduciaria ha demostrado ser el principal obstáculo en el flujo del comercio de bitcoins. Por lo tanto, usar un canal de pago lento y costoso significa que la adquisición de bitcoin también será lenta y costosa. Pero usar un canal de pago que sea rápido hace que su compra de bitcoin sea más fácil y menos costosa. Su intercambio siempre le indicará los métodos de pago preferidos. Por ejemplo, la mayoría de los agentes cambiarios aceptan transferencias bancarias, pero no le permitirían utilizar los canales de pago privados comunes, como efectivo, Western-Union, etc., para comprar bitcoins. Además, algunos proveedores pueden aceptar PayPal o tarjetas de crédito. Esto se debe a que, si bien las transacciones de bitcoin son irreversibles, las transacciones de PayPal o de tarjeta de crédito se pueden revertir.

- La cantidad de información privada que le gustaría divulgar: en la mayoría de las jurisdicciones, bitcoin siempre está sujeto a regulación financiera. Como tal, las reglas contra el lavado de dinero (AML) se aplican constantemente a las plataformas que venden bitcoins o aquellas que permiten a los usuarios realizar transacciones con bitcoin. La mayoría de estas plataformas se ven obligadas a establecer mecanismos para verificar la identidad de sus clientes, como la adopción de las reglas "Conozca a su cliente" o "Know your Client" (KYC). El hecho de que las transacciones de bitcoins normalmente se guardan públicamente en el blockchain y se pueden rastrear implica que el nivel de información privada que revela al comprar bitcoins puede tener serias ramificaciones en su privacidad personal. En consecuencia, los varios agentes cambiarios pueden tener diferentes grados de KYC según la cantidad de información privada que debe divulgar. Las calificaciones notables son:

✓ No hay grado KYC: este es el más bajo. En este grado, la plataforma no necesita saber quién es. No tendrá que presentar ningún tipo de identificación y podrá comprar bitcoins a través de cualquier medio privado, como, por ejemplo, utilizando Western-Union, Paysafecard, MoneyGram o efectivo. Algunas jurisdicciones pueden permitirle comprar bitcoins sin KYC, por ejemplo, tarjetas de regalo, cajeros automáticos de bitcoin y en los mercados peer-to-peer como Localbitcoins. Pero es importante tener en cuenta que comprar bitcoin sin KYC es más caro que usar otras opciones.

✓ Grado ligero de KYC: este nivel de KYC usa sus números de teléfono o su canal de pago para llevar a cabo su identidad en línea. Por lo tanto, al realizar pagos utilizando los medios comunes de pago, como su tarjeta de crédito, PayPal o cuenta bancaria, simplemente significa que su proveedor de pagos ya conoce su identidad. Sin embargo, la mayoría de las plataformas, ya sean mercados, plataformas de intercambio o agentes cambiarios directos, solo le permitirán comprar una cantidad limitada de bitcoin utilizando el grado ligero KYC.

✓ El grado completo de KYC: con este grado, se le pedirá que se identifique de la manera más completa posible. En ese sentido, se le pedirá que proporcione documentos adicionales además de verificar su identidad utilizando sus números de teléfono y su cuenta bancaria, a fin de proporcionar una prueba más precisa y perfecta de su identidad. Los documentos adicionales pueden incluir una o la combinación de documentos tales como una factura de servicios públicos, una licencia de conducir, una tarjeta de identificación o un pasaporte, y algunas plataformas pueden incluso solicitarle que proporcione aprobaciones formales de sus documentos de identificación de un tercero de confianza. Como un banco, o un notario. Su intercambio puede incluso exigirle que participe en el proceso de identificación de video o simplemente envíe una foto que muestre que tiene su tarjeta de identificación. Recuerde, el KYC completo se convierte en obligatorio cuando se negocia en bolsas o cuando se invierten grandes sumas de dinero.

Los factores anteriores lo ayudarán a determinar la plataforma que mejor se adapte a sus necesidades y notará que el proceso de compra de Bitcoin es mucho más fácil de lo que nunca imaginó. Pero tenga cuidado; como principiante, ¡no ponga en peligro sus inversiones al tomar riesgos innecesarios! En su lugar, comience con poco y crezca lentamente a medida que domina el arte de comerciar con bitcoin.

Una vez que haya adquirido su primer bitcoin, también puede comenzar a comerciar. Este es el paso que requiere la mayor parte de su ingenio y utiliza su firmeza para obtener beneficios y cambiar la trayectoria de su estado financiero.

Paso 4: Operando con Bitcoin

Tra<s adquirir su primer bitcoin, puede empezar a usarlo para comprar bienes y servicios. Este es un paso muy importante que puede ayudarlo a comprender cómo funciona el comercio con bitcoin. Entonces, vaya y averigüe si sus sitios web favoritos aceptan Bitcoin. En la actualidad, un número cada vez mayor de minoristas está comenzando a aceptar Bitcoin como método de pago.

Por ejemplo, puede usar bitcoin para hacer compras de computadoras en Newegg.com. O simplemente visite CheapAir.com y reserve su boleto de avión desde la comodidad de su cama. Otros proveedores en línea que aceptan bitcoin son: Whole Foods, Zappos, Subway, Victoria's Secret, Bitcoin.travel, Overstock.com, Wordpress, Amazon, etc. Puede ir a bitcoin.org y realizar una investigación adicional sobre los servicios específicos que se enumeran. Así como familiarizarse con varios términos y condiciones. Además, intente acceder al mapa de ubicaciones físicas de coinmap.org e identifique a los proveedores que se encuentran dentro de su localidad y que aceptan bitcoins.

A medida que adquiera más experiencia tecnológica, comience a comprar Bitcoin cuando el precio sea bajo antes de comprar sus productos favoritos cuando el valor de Bitcoin sea alto. De esta manera, puede generar valor para usted mismo simplemente conservando los bienes o vendiéndolos para obtener una ganancia.

Dado que el mercado de bitcoins es todavía nuevo, está muy fragmentado y presenta enormes brechas, el hecho de dedicarse a ello puede ser una empresa extremadamente rentable. La volatilidad de Bitcoin junto con su prolongada historia de burbujas ha jugado un papel importante para atraer a nuevos usuarios e inversores a la criptomoneda. Con cada nueva burbuja, se crea un gran despliegue publicitario que pone el nombre de bitcoin en las noticias. En consecuencia, esta atención de los medios hace que las masas se interesen en Bitcoin hasta que la publicidad desaparece.

Por lo tanto, cada vez que aumenta el precio de bitcoin, tanto los especuladores como los nuevos inversores tienen la oportunidad de obtener grandes ganancias. Recuerde, bitcoin es una moneda global que es fácil de enviar, independientemente de dónde se encuentre. Esto significa que el comercio de bitcoins es un ejercicio tan simple que no puede esperar a que se le pregunte antes de sumergirse. Así que, como tiene algunos bitcoins en su monedero, puede comenzar a comerciar lo antes posible, porque someterse a procesos de verificación puede que ya no sea necesario.

A continuación, verá algunas de las formas de llevar a cabo el comercio de bitcoins:

1: CFDs de Bitcoin (Contratos por Diferencia)

Esta forma de comercio de bitcoins le permite intercambiar bitcoins sin utilizar el propio bitcoin. Los CFD pueden ayudarlo a obtener exposición al bitcoin, aunque todavía no lo tenga físicamente. Con un CFD, puede asumir riesgos con los precios fluctuantes de los mercados o instrumentos financieros internacionales de rápido movimiento, como productos básicos, divisas, tesorería, índices y acciones.

Básicamente, un Contrato por Diferencia de bitcoin representa un contrato entre el agente cambiario y usted, el comerciante, mediante el cual ambos se comprometen a pagarse el uno al otro a medida que los precios aumentan o disminuyen en efectivo, en lugar de que se entreguen los bienes físicos (bitcoin). En este caso, su CFD declarará que cualquier diferencia entre su precio de entrada y de salida constituye automáticamente su ganancia o pérdida. En pocas palabras, un CFD se refiere a un acuerdo, que normalmente se lleva a cabo entre dos partes simulando que el activo físico real, en este caso bitcoin, estuviera bajo la custodia del comerciante.

Por ejemplo, puede firmar un CFD con un agente cambiario de buena reputación como Plus500 para bitcoin a los precios actuales, y establecer el contrato para que finalice a las 10 p.m. (probablemente debido al hecho de que el comercio de bitcoin en Plus500 tiene que finalizar a las 10 p.m.). Como resultado, el valor a negociar se determinará por el precio actual de bitcoin y, mientras tanto, puede establecer un tiempo de contrato, digamos una cantidad de horas en el futuro, que representa el punto en el que al comprador (usted) o al vendedor (el agente cambiario) se le paga alguna diferencia.

Básicamente, esto significa que, si su intuición acerca de los precios fluctuantes de bitcoin resultó ser correcta, y los cambios de precios se producen dentro del marco de tiempo establecido, entonces la empresa comercial le pagará la diferencia. Pero si su intuición resulta ser incorrecta y los precios de bitcoin no caen o suben como lo esperaba, entonces tendrá que sufrir una pérdida pagando la diferencia al agente cambiario o a la empresa comercial. Con esta forma de negociación, idealmente, usted y el agente cambiario están apostando básicamente a si habrá o no un aumento o una caída en los precios de bitcoins.

Sin embargo, el comercio de CFD con bitcoins puede ser un negocio bastante arriesgado. Entonces, obtenga algo de experiencia primero; trate de entender la volatilidad del mercado de bitcoin antes de llevar a cabo tal movimiento.

Recuerde, realizar operaciones de bitcoin CFD también incluye varios resultados, tanto positivos como negativos. Vamos a explorar algunos de ellos.

Ventajas del comercio de CFD

A continuación, se presentan algunos de los beneficios del comercio de CFD:

- El comercio de CFD es más flexible porque puede apuntar a una subida (donde apuesta que habrá un aumento en el precio) o a una bajada (donde apuesta que habrá una caída en el precio). Además, el comercio de bitcoins CFD se puede realizar en cualquier día y en cualquier momento. También puede cerrar las operaciones de CFD siempre que se considere posible.

- No es necesario mantener el bitcoin real. Por lo tanto, no tendrá que perder tiempo tratando de asegurar los bitcoins que habría comprado. Eventualmente, el riesgo de perder su bitcoin se elimina completamente.

- Aprovechamiento: ¿le gustaría controlar una posición más grande, aunque tenga un capital más pequeño? Entonces el comercio de CFD le ayudará a alcanzar su objetivo. Como un operador experto, esta técnica aún puede ver que usted obtiene más ganancias incluso en esos momentos en que los mercados no se están moviendo tanto. Sin embargo, con el aprovechamiento, su riesgo se multiplica; así que tiene que ser cuidadoso con eso también.

- Acortar el mercado: de hecho, es posible que encuentre algunos agentes cambiarios que le permitan acortar el mercado. Sin embargo, se dará cuenta de que configurar una posición corta mientras se realiza el comercio de CFD con bitcoins es la más fácil de todas. Esto significa que, si está convencido de que el precio de Bitcoin ciertamente bajará, entonces puede reducir la criptomoneda abriendo una venta / venta corta, algo que no puede hacer cuando se mantiene el bitcoin físico. Por lo tanto, esencialmente gana más flexibilidad, especialmente en términos de su estrategia comercial.

- Impuestos más bajos: en la mayoría de las jurisdicciones, las ganancias obtenidas de las operaciones con CFD de bitcoin atraen tasas impositivas más bajas que las que se obtienen al comprar y vender directamente bitcoin. Esto se debe a que las plataformas que facilitan el comercio de CFD están más reguladas y son más seguras que la mayoría de los agentes cambiarios.

- Velocidad de ejecución: los CFD de Bitcoin tienen la máxima velocidad de ejecución. Recuerde, los agentes cambiarios dependen del volumen. Por lo tanto, si no hay muchas personas negociando, su pedido no se puede completar. Pero con los CFD, los corredores normalmente están conectados a proveedores de liquidez, lo que ofrece una ejecución garantizada y, a menudo, rápida. En pocas palabras, con el comercio de CDF, los individuos no tienen que negociar entre sí en un intercambio en particular, pero se les garantiza el acceso total a la liquidez de los socios institucionales, lo que hace que las transacciones sean más rápidas. Como resultado, puede responder rápidamente a cualquier tendencia dinámica en el mercado.

- Alta frecuencia de negociación y estrategias que son bastante automatizadas: también puede encontrarse con algunos corredores de bitcoin, como Whaleclub, que pueden proporcionarle una API completa. Esto implica que, a continuación, puede crear algunos scripts personalizados para comerciar, especialmente si posee alguna experiencia en desarrollo. Además, otro agente conocido como Evolve Markets, puede permitirle realizar operaciones de scalping y operaciones de alta frecuencia a través de su cliente MT4. Tenga en cuenta que esta forma de comercio rara vez es común en la mayoría de los agentes cambiarios de bitcoin porque no están diseñados para manejar una carga tan pesada.

Desventajas del comercio de CFD

Implementar el comercio de CFD puede afectarlo de las siguientes maneras:

- Inicialmente, los CFDs pueden parecer atraer tarifas bajas en comparación con otros métodos de negociación. Sin embargo, estas tarifas son siempre más altas que las que cobran aquellos intercambios que facilitan la compra y venta directa de bitcoin, como Kraken o Bitstamp.

Por ejemplo, además del interés diario en las posiciones abiertas, las comisiones en Plus500 se derivan de la diferencia, que es esencialmente la diferencia entre el precio al que compra (es decir, el precio de venta) y el precio al que vende (es decir, el precio de licitación). Puede terminar incurriendo en pérdidas que van desde 0.5% hasta el 5% de la suma negociada. Sin embargo, es posible que se le cobre una comisión por encima del margen, que afecta en gran medida a sus ganancias generales.

- Además, como comerciante a largo plazo, los CFD de bitcoin pueden no funcionar bien para usted. Tendrá que incurrir en un cierto costo, que comúnmente se conoce como Premium, para mantener una operación abierta mientras usa los CFD. La prima normalmente toma 0.1% de su posición diariamente. Recuerde, el apalancamiento en un CFD se ve facilitado por los préstamos hechos desde el intercambio al comerciante. Por lo tanto, toda la duración de este acuerdo de financiación atrae algunos cargos por intereses. Por otro lado, si hubiera elegido los bitcoins físicos, los guardaría en un monedero digital durante un tiempo determinado sin incurrir en ningún costo.

- Con los CFD, no puede escapar de la temida "llamada de margen". El acuerdo de financiamiento asociado con los CFD hace que los agentes cambiarios busquen medidas estrictas para protegerse contra movimientos drásticos imprevistos dentro del mercado. Desafortunadamente, estas medidas siempre colocarán sus balances en las cifras profundas negativas. Esto significa, siempre que haya una gran ventaja, que los mercados experimentan una alta volatilidad y un ritmo frenético de negociación que hace que estos saldos negativos sean un riesgo sustancial. En realidad, las pérdidas resultantes son siempre responsabilidad del comerciante, pero si no puede soportarlo, entonces su agente cambiario tendrá que sufrir esas pérdidas financieras. Por lo tanto, como medida de precaución, es probable que su agente cambiario lo bloquee antes de que su saldo se convierta en negativo, un fenómeno conocido comúnmente como una llamada de margen. Una llamada de margen puede definirse como el acto donde su agente cambiario bloquea su operación debido al hecho de que su dinero o inversión no es suficiente para cubrir su pérdida. Pero si su cuenta de margen está mejor financiada, es menos probable que atraiga una llamada de margen. Por lo tanto, en medio de la volatilidad de cualquier mercado, si su margen es demasiado delgado, puede terminar siendo eliminado del comercio con una pérdida. A veces, las llamadas de margen pueden ser molestas, especialmente si ocurren en su operación, ya que tienen el potencial de ser más rentables.

Los CFD de Bitcoin pueden ser bastante desafiantes, ya que puede darse cuenta de que las ganancias que esperaba no son las únicas. Esto significa que debe mantenerse informado constantemente para seguir entendiendo la importancia de los principales eventos del mercado. Pero como principiante, esta podría ser la oportunidad perfecta para descubrir cómo funcionan los CFD de bitcoin y si el comercio de CFD puede ser una empresa rentable o no.

Empezando con CFDS

Si siente que tiene la resistencia para probar el comercio de CFD con bitcoins, los siguientes pasos le ayudarán a lograr su objetivo:

- Comience por experimentar con los CFD: muchos corredores de Bitcoin CFD, como Fortrade, AvaTrade y Plus500, proporcionan un programa de demostración que se asemeja a su interfaz comercial habitual. El precio real de bitcoin, así como las operaciones generales de los CFDs, son reales, aunque su cuenta de operaciones se llena automáticamente con dinero simulado. Use la demostración todo el tiempo que pueda para así ganar la suficiente confianza. Plus500 es una de las plataformas comerciales más simples que pueden ayudarlo a aprender cómo realizar operaciones con CFD. Así que comience por registrarse en su cuenta de demostración lo antes posible. Vaya al sitio web de Plus500, haga clic en el botón "¡Comience a negociar ahora!" y descargue e instale la demostración de Plus500.

Haga clic en el botón "Descargar ahora" y continúe con los pasos que se indican.

Una vez que la aplicación esté completamente instalada, ejecútela y regístrese como nuevo usuario después de seleccionar el "Modo de demostración". Debe introducir una dirección de correo electrónico y una contraseña. Tenga en cuenta esta información, ya que la necesitará para iniciar sesión en el futuro.

Como nuevo usuario, debe permanecer en el "Modo de demostración" hasta que pueda comprender completamente las características importantes de los CFD. Esto también le ayudará a evaluar la rentabilidad prevista a través de la demostración en tiempo real. La razón principal debería ser el hecho de que, si no puede lograr ganancias constantes en las operaciones simuladas, no hay garantía de que tendrá éxito al usar dinero real.

- A continuación, inicie sesión para comenzar a operar: una vez que se muestre el panel de inicio de sesión, puede hacer una demostración de comercio simplemente haciendo clic en el enlace "Pruebe nuestro comercializador web en su navegador". Pero si se siente más seguro y desea utilizar la aplicación que ha descargado, simplemente ingrese su dirección de correo electrónico y contraseña y haga clic en "enviar".

- Ahora necesita ubicar y examinar los CFD de bitcoin: simplemente vaya al panel de la izquierda e introduzca "bitcoin" en el campo de búsqueda. Bitcoin aparecerá en el panel de instrumentos. Al hacer clic en el enlace Detalles, se mostrará información importante sobre los CFD de bitcoin. Al mover el cursor sobre los iconos "?", puede ver diferentes cuadros informativos acerca de las herramientas.

El panel de detalles puede indicar que hay un cargo aplicable del 0,1% de cada contrato que se posee. Este cargo se realiza normalmente a la medianoche. Además, sus fondos son aventajados 13 veces. Es decir, cada vez que hay un movimiento de $ 1 en el precio subyacente de bitcoin, hay un movimiento posterior de $ 13 en el valor de cada contrato que mantiene.

El margen inicial normalmente se refiere al porcentaje del valor total de su posición que debe tener su cuenta antes de abrir la operación. Por ejemplo, en este caso, se requiere que tenga un depósito del 8% del valor. El margen de mantenimiento simplemente implica el porcentaje de requisitos previos para que su operación pueda permanecer abierta. Recuerde, si su posición disminuye en valor, su margen inicial puede caer drásticamente por debajo de su margen de mantenimiento y llevar al cierre de la operación (una llamada de margen). Además, tome nota de la fecha de vencimiento del contrato, es decir, a mediados de junio de 2018 en nuestro caso. Esto significa que cualquier posición mantenida hasta entonces solo será cerrada.

- Puede comenzar a comerciar: una vez comprendido el contrato, comprar y vender bitcoin no es muy difícil. Vaya al panel Detalle o Instrumento y haga clic en "corto" o "comprar", si espera que el precio suba o baje, respectivamente.

Entonces, continúe y estructure e ingrese lo que va a comerciar. Sin embargo, evite vender más contratos de bitcoin de los que posee; de lo contrario, estará creando una posición corta.

Comprar el número equivalente de contratos le ayudará a cerrar una posición cerrada.

El sistema determinará el valor actual del número total de los contratos seleccionados y convertirá ese valor en su moneda local. El margen inicial necesario será determinado y convertido también.

Las opciones, "cerrar en pérdida" y "cerrar en ganancia", pueden marcarse y fijarse para formar un "parar en pérdida" y un objetivo de ganancia, en ese orden. Entonces, cuando los precios de bitcoin alcanzan estos niveles, la aplicación cierra automáticamente su posición. Esto implica que puede automatizar el proceso de obtención de beneficios en las buenas operaciones, al tiempo que limita las pérdidas en sus operaciones malas. La opción de detención tiene la finalidad de garantizar que el comercio se cierre cuando el precio caiga por debajo de su nivel de "parar en perdida".

Adicionalmente, puede aplicar la opción de "parada final" cuando el precio sea tendencia. Con la opción de parada final, establece el precio de "parar en pérdida" en un monto en dólares que es menor que el precio de mercado vigente en lugar de fijarlo en un monto en dólares único y absoluto.

Si el precio se mueve en contra de su dirección esperada, el comercio se cierra automáticamente dependiendo del número seleccionado de "Pips". Los pips se refieren a lugares decimales en el comercio de divisas. No tiene que preocuparse por esto, solo use las flechas o el campo numérico para obtener el valor ingresado antes de que la extensión de finalización aparezca como un porcentaje.

Por último, puede utilizar la opción "Solo comprar / vender cuando la tasa es [x]" para obtener una operación larga o corta ingresada automáticamente una vez que el precio de bitcoin alcance un nivel determinado.

• Comience a verificar su saldo, posiciones cerradas, pedidos y posiciones abiertas: 3 pestañas en la parte superior de su interfaz de negociación que son muy importantes al momento de acceder al historial y el estado de sus posiciones de negociación. Además, el menú "Administración de fondos" en la barra de herramientas puede ayudarlo a acceder al saldo de su cuenta y otros detalles relacionados.

• Continúe explorando y examinando otras funciones importantes: por ejemplo, cerca del enlace de Detalles hay un icono de campana. Puede hacer clic en él para activar la función de Alerta de precio y comenzar a recibir alertas por correo electrónico o SMS cuando se alcance un precio determinado de bitcoin.

• Finalmente, financie su cuenta y comience a realizar operaciones: a estas alturas, debe haber adquirido confianza en las operaciones con CFD. Entonces, sigua adelante y comience a hacer negocios con dinero real, ¡aunque creo que probablemente ya empezó desde hace un tiempo! Puede financiar su cuenta Plus500 a través de las siguientes opciones: Skrill, PayPal, Diner's Club International, Maestro, MasterCard o Visa.

Nunca olvide que el comercio de CFDs con bitcoin Plus500 sigue siendo una propuesta desafiante y de alto riesgo. Por lo tanto, debe esforzarse un poco más para obtener altos resultados.

Siempre recuerde que. cuando se embarca en el comercio de CFD, sufre una pérdida inmediata, como resultado de la diferencia entre el precio de mercado de bitcoin y el precio ofrecido por el agente cambiario al abrirse la posición.

Por lo tanto, para que pueda alcanzar el punto de equilibrio, su única esperanza es que el precio de bitcoin tenga que moverse una distancia apreciable en la dirección de su elección, de modo que se pueda cubrir adecuadamente esta brecha. Por ejemplo, supongamos que abrió una posición comprando bitcoins e inmediatamente cerró la misma posición, esencialmente perderá la diferencia entre el precio de compra y el de venta.

Además, los mercados de bitcoin son bastante impredecibles y muy competitivos. La mayoría de los comerciantes tienen una gran ventaja en recursos y son más hábiles y experimentados. Entonces, como principiante, su experiencia será más aventurera que la de sumergirse en aguas profundas llenas de tiburones. Por esta razón, mantenga el modo Demo hasta que sea lo suficientemente fuerte como para sobrevivir.

Lentamente, intente formar una disciplina, paciencia y habilidad. Siga estudiando y practicando. Nunca se olvide de llevar un diario de comercio también. Debe tomar nota de las facetas pertinentes de su experiencia comercial y guardarlas. Registre su estado de ánimo y trate de averiguar si su tolerancia al riesgo está mejorando o no.

Día de comercio de Bitcoin

Utilice esta técnica cuando se centre en el comercio solo cuando sea conveniente para usted y no ocupe ninguna posición mientras duerme. El día de comercio se refiere a un estilo de comercio activo e involucrado que busca aprovechar movimientos cortos pero significativos en los precios. Usted puede ser atraído al día de comercio de bitcoins debido al hecho de:

- La volatilidad del bitcoin permanece mucho más alta que otros instrumentos de negociación. Por lo tanto, el mercado de bitcoins está lleno de una gran cantidad de acciones negociables que puede capitalizar. Hasta ahora, ¡bitcoin rara vez ha tenido una acción monótona de precio!

- Puede beneficiarse del Bitcoin, aunque no tenga una posición a largo plazo ni entienda sus complejidades técnicas. Esencialmente, solo intercambia bitcoins de la misma manera que lo haría con productos básicos.

- Puede acceder al comercio aventajado en la mayoría de los agentes cambiarios. Por lo tanto, si está ansioso por obtener una gran exposición al riesgo al alza y a la baja, especialmente por encima de lo que su presupuesto ordinario de comercio le permitiría, el día de bitcoin será la mejor opción para usted.

- A veces, los agentes cambiarios comerciales diarios cobran tarifas más bajas, a diferencia de la mayoría de los agentes cambiarios tradicionales. Esto significa que debe elegir sabiamente su agente cambiario para obtener más beneficios.

Sin embargo, debe tener algo de experiencia antes de emprender en el día de comercio de bitcoin. Descubrirá que adoptar una estrategia comercial a largo plazo es más fácil y más rentable, especialmente si solo puede comprar Bitcoin a un nivel bajo y disponer de un nivel alto, que la estrategia de negociación diaria. El día de comercio es más exigente, especialmente en términos de tiempo, atención y energía. Por lo tanto, puede que no le funcione bien si ya lleva un estilo de vida ocupado.

Antes de comenzar con el día de comercio, debe tener lo siguiente:

- Capital comercial: la regla general es que siempre realice transacciones diarias con los fondos que está listo para perder porque, como nuevo comerciante, hay muchas posibilidades de que pueda perder sus fondos iniciales de negociación. Comenzar con una pequeña cantidad y tener tiempo suficiente para aprender la técnica es una mejor idea.

- Un plan de juego: necesita un análisis técnico para poder evaluar sistemáticamente los gráficos de precios y tomar decisiones rápidas de mercado. Obtendrá esas habilidades al pasar más tiempo practicando y mirando la pantalla. Recuerde, la práctica hace al maestro. Además, aprenda cómo administrar sus fondos adecuadamente. Al hacerlo, puede minimizar las pérdidas que podrían surgir al tomar decisiones incorrectas o maximizar sus ganancias cuando su juicio resulte correcto.

- Intercambio de bitcoins: regístrese con un buen agente cambiario. Vaya a BuyBitcoinWorldWide y busque un agente cambiario que garantice tarifas bajas, liquidez profunda y una interfaz más fácil de usar. Kraken, GDAX, Cex.io y Bitstamp son algunos de los agentes cambiarios que puede encontrar para tener más recursos.

Una vez que cumpla con los requisitos anteriores, busque el momento adecuado y comience a comerciar lo antes posible.

El comercio de arbitraje de Bitcoin

Esta forma de comercio implica menos riesgo que el día de comercio o el comercio especulativo de bitcoin. El comercio de arbitraje de Bitcoin se refiere a la compra y venta simultáneas de bitcoin para obtener ganancias como resultado de las diferencias de precios en varios mercados. En otras palabras, su objetivo principal es explotar las diferencias de precio en varios agentes cambiarios, manteniendo el cambio que obtiene como dinero gratis.

Por ejemplo, supongamos que el precio de bitcoin en el intercambio X es de USD 9000, mientras que el agente cambiario Y ofrece el mismo bitcoin en USD 9150; puede optar por capitalizar esto y explotar la diferencia en los precios y tomar los USD 150 para usted. Por lo tanto, terminará comprando bitcoin en el agente cambiario más barato y vendiéndolo en el más costoso.

Por lo tanto, debe tener cuentas en más de un agente cambiario de bitcoins para realizar operaciones de arbitraje. Esto le permitirá aprovechar los precios bajos y altos y mantener el dinero gratis tanto como sea posible. Además, no olvide tener algunos fondos tanto en su moneda fiduciaria (USD) como en bitcoin. Intente depositar su bitcoin en el agente cambiario que tenga el precio más caro de bitcoin y USD en el agente cambiario que tenga el precio más barato de bitcoin. Luego, intente simplificar las cosas comprando y vendiendo la misma cantidad al mismo tiempo.

Esta forma de comercio tiene algunas dificultades. Para empezar, siempre asegúrese de que las tarifas comerciales no afecten a sus ingresos. Para que pueda obtener algún beneficio, la diferencia en el precio de bitcoin en los dos agentes cambiarios debe ser más que la suma de las comisiones de negociación en ambos agentes cambiarios. Por lo tanto, siga comparando los precios de bitcoin en varios agentes cambiarios y determine el momento adecuado para hacer una jugada inteligente.

Otro desafío con esta forma de comercio es que otros comerciantes y bots pueden cambiar su precio e ir a su frente después de ver su oferta. Puede contrarrestar este problema asegurándose de ir por delante de ellos, simplemente revisando su precio para que el precio nuevo que usted ponga sea un dólar menos que el de ellos. No se preocupe, siempre y cuando venda su bitcoin, aunque sea poco a poco, seguirá obteniendo ganancias. Este proceso puede ser extremadamente rápido, pero a veces puede llevar mucho tiempo. Es entonces cuando debe ser paciente y esperar cualquier oportunidad, ya que nunca se sabe quién puede comprar o vender simultáneamente.

Considere la posibilidad de obtener una ganancia más pequeña más rápido, especialmente si hay liquidez y la diferencia de precio es lo suficientemente grande, en lugar de esperar a que se negocie lentamente y obtenga una ganancia mayor. Esto le permite mantenerse activo y puede acumular más ganancias al final del día.

El comercio de márgenes de bitcoin

El comercio de márgenes es un esfuerzo comercial extremadamente rentable pero arriesgado. Con esta forma de negociación, puede pedir prestado capital (que generalmente se avanza a altas tasas de interés) para aumentar su aventajamiento. Normalmente, este tipo de endeudamiento se basa en la esperanza de que las cosas siempre vayan bien para garantizar enormes beneficios en términos de ganancias. Aunque, a veces, puede hacer un movimiento incorrecto y terminar luchando contra las altas tasas de interés, las llamadas de margen e incluso cerrar la posición con una pérdida total por completo.

La idea detrás del comercio de margen es simple. Puede acercarse a un agente cambiario que ofrece un aventajamiento de 1: 1 y pedir prestado cerca del 100% de sus tenencias. Por ejemplo, si tiene un saldo de 1 bitcoin, se le puede permitir el comercio de 2 bitcoins, lo que aumenta su potencial de ganancias. Incluso puede encontrar otros agentes cambiarios que ofrecen márgenes de 100: 1, 20: 1, 3.3: 1 o 2.5: 1. ¡El comercio de margen de 100: 1 puede verlo crecer un 500% en poco tiempo o ser liquidado en un abrir y cerrar de ojos!

Si está interesado en el comercio de márgenes, puede hacerlo de dos maneras: ingrese una posición larga, donde puede comprar y apostar a que el precio del bitcoin subirá, o ingrese una posición corta, donde apuesta que el precio bajará. Entonces, si está seguro de que el precio de bitcoin está obligado a moverse en una dirección particular, el comercio de margen puede ayudarlo a capitalizar al máximo las predicciones correctas.

Todo lo que necesita es desarrollar un cierto nivel de comprensión en la gestión de riesgos para que pueda aprovechar al máximo sus fondos apalancados. Simplemente comience a comerciar con pequeñas cantidades de dinero en márgenes que no excedan 2: 1. No use todos sus fondos en una sola transacción. Por ejemplo, puede poner $ 1,000 de su capital personal en una cuenta, pero use solo $ 100 de este capital personal para establecer un margen de 2: 1. Esto significa que incluso si su comercio de margen no termina siendo tan exitoso como lo había previsto, todavía le quedarán $ 900 que puede usar en otras formas de comercio de bitcoins.

Sin embargo, su intercambio puede limitar su cuenta de margen con un "requisito de mantenimiento" para frenarle la realización de préstamos excesivos. El requisito de mantenimiento solo estipula la cantidad mínima que debe tener en el patrimonio de su cuenta antes de que se le permita emprender un nuevo préstamo. En general, el comercio de márgenes de bitcoin puede ser una excelente manera de ganar más dinero, siempre y cuando tenga una comprensión completa o incluso básica de la gestión de riesgos.

El comercio binario de Bitcoin

Esta opción le proporciona la forma más dinámica de mejorar su cartera financiera. Puede invertir en bitcoin a través de opciones binarias u optar por intercambiar opciones binarias utilizando bitcoin. Sin embargo, usar bitcoin para intercambiar opciones binarias es la mejor opción. Esto simplemente significa que estará invirtiendo en contratos usando sus bitcoins.

Deberá predecir si el precio de un activo determinado será más alto o más bajo que el precio de ejercicio al final de un período de tiempo determinado. Es decir, si su predicción resulta ser correcta, entonces sus inversiones acumularán algunas ganancias.

Por otro lado, si elige invertir Bitcoins a través de opciones binarias, significa que está utilizando su moneda fiduciaria para comerciar con Bitcoin como un activo negociable. En este caso, su objetivo es obtener ganancias como resultado de los movimientos previstos o imprevistos en el precio del bitcoin.

En general, puede que el comercio binario sea divertido y agradable, especialmente si está loco por las apuestas. Por lo tanto, consiga un agente cambiario o corredor fiable y de calidad que garantice un mayor porcentaje de pago. Su agente cambiario le presentará una serie de opciones de comercio binario, así como diferentes tipos de activos. Puede comenzar con el comercio de varios de estos activos y algunos tipos de opciones, para que pueda aprender cómo funciona el comercio binario. Después de algún tiempo, revise sus registros y descubra el tipo de operaciones que generan más ganancias. De esta manera, puede comenzar a especializarse en algunos de ellos hasta que obtenga 1 ó 2 tipos de activos en 1 ó 2 opciones binarias.

Consejos para el comercio binario exitoso:

Recuerde, algunas estrategias de opciones binarias funcionan bien con ciertos activos y tipos de opciones, particularmente debido a sus características únicas. Aprenderá esto más a medida que practica el comercio binario. Por ahora, trate de prestar mucha atención a los siguientes puntos:

- Desarrolle estrategias y realice una investigación exhaustiva: cree un sistema que lo ayude a seleccionar cuándo llamar o determinar cuánto invertir en cada operación. Desarrolle fe en su sistema; siga invirtiendo en él incluso cuando se sienta nervioso por las posibles pérdidas. Establezca un hábito de estudiar las noticias y las cifras relevantes del mercado antes de comerciar. A medida que se sienta cómodo operando dentro de su sistema, eventualmente sabrá el tipo de información que necesita y dónde puede encontrarla.

- Puede establecer algunas reglas y atenerse a ellas al comerciar: tener reglas personales lo ayudará a evitar cometer errores comunes y comerciar constantemente de manera controlada. Sus reglas pueden tomar la forma de:

  o Evitar tomar una opción solo porque usted quiere que ocurra.

  o Las transacciones se deben colocar al menos 15 segundos antes de las fechas límite.

  o Investigue antes de comerciar.

  o El comercio debe ocurrir cuando no se encuentre distraído y pueda concentrarse.

- Busque una estrategia de administración de fondos: no quiere perder la cantidad total de dinero disponible para negociar. Por lo tanto, la cantidad que invierte por operación debe garantizar que pueda sobrevivir a una mala racha.

Puede adoptar una estrategia como el sistema "Martingale" para permitirle aumentar sus inversiones cuando se encuentre en una fase de pérdida y que cualquier ganancia le haga recuperar sus pérdidas. Pero asegúrese de tener un "stop loss" para evitar perder todos sus fondos.

Del mismo modo, una estrategia de replanteo de progresión positiva, que es lo opuesto a la martingale y aumenta su apuesta durante una fase ganadora, le ayudará a arriesgar solo una cierta fracción de las ganancias de la racha.

Otra técnica común para administrar sus fondos es siempre retirar el 50% de sus ganancias. La otra mitad se puede dejar en la cuenta de operaciones para aumentar los fondos. Por ejemplo, calcule sus ganancias después de 30 días y retire el 50% de ellas. Puede ajustar esta cifra hacia arriba o hacia abajo, dependiendo de otras demandas de bitcoin.

En general, su estrategia de opción de comercio binario debe ser una función de dos componentes: un método para seleccionar la opción preferida y un método para determinar cuánto invertir por operación. Sea paciente, comience con poco y pruebe algunas opciones diferentes. Siga modificando y mejorando su sistema a medida que crece en experiencia y datos. Recuerde, el comercio binario de bitcoin se asemeja al juego de apuestas; tiene un riesgo mayor que otras formas de comercio de bitcoins.

El comercio de bitcoins se puede realizar de interminables maneras que parecen no agotarse nunca. Muchas opciones de comercio están siendo desarrolladas por varios agentes cambiarios en un intento por hacer que la experiencia sea más segura y fácil de usar. Entonces, siga interactuando con su agente cambiario. Descubra nuevas oportunidades. Y junto a su agente cambiario, intente personalizar lo que ya se ofrece y elabore un plan que se ajuste a sus necesidades.

Sin embargo, si el comercio de bitcoins no está funcionando bien para usted y quiere tomarse un descanso, entonces la minería de bitcoins puede ofrecer el alivio que tanto necesita. La minería es otra inversión lucrativa que puede ayudarlo a tomar el control de su futuro. Por lo tanto, en el siguiente capítulo, aprenderá acerca de los elementos esenciales de la minería de bitcoins y descubrirá cómo maximizar sus oportunidades de obtener ingresos, aunque se salte la molestia de comerciar con bitcoins.

Minería de Bitcoin

La minería de bitcoins se refiere al proceso mediante el cual las transacciones se verifican y se agregan al blockchain, así como a los medios a través de los cuales se crean nuevos bitcoins. La minería de Bitcoin normalmente se compara con la minería habitual de cualquier metal precioso, como el oro.

Al igual que el oro, simplemente hay una cantidad limitada de bitcoins, ya que solo habrá un total de 21 millones de bitcoins y, cuanto más extraiga, más difícil será encontrarlo. La única diferencia con la minería de bitcoins es que las bitcoins no se crean necesariamente a través de la minería. En cambio, los mineros son recompensados con bitcoins por validar transacciones anteriores.

El proceso de minería implica la compilación de transacciones recientes en bloques diferentes y luego intentar encontrar soluciones a un problema matemático de difícil cálculo. Como minero, si es el primero en resolver el rompecabezas, se colocará el siguiente bloque en el blockchain antes de reclamar las recompensas del bitcoin.

Inicialmente, los mineros de bitcoin estaban compuestos principalmente por entusiastas de la criptografía, quienes estaban interesados en el proyecto y usarían el poder de su computadora adicional para validar el blockchain para ser recompensados con bitcoins. Pero debido al valor cada vez mayor de bitcoin, muchas personas se han sentido atraídas por la minería de bitcoin y continúan invirtiendo en un hardware potente para explotar la mayor cantidad posible de bitcoins. Como resultado, la minería de bitcoin ha crecido hasta ser muy competitiva, porque con más y más mineros a bordo, la dificultad de la minería sigue aumentando. Sin embargo, esto no debería asustarle, todavía existe la posibilidad de que pueda ganar dinero mediante la minería de bitcoins.

Cómo minar bitcoins

Tenga en cuenta que la minería de bitcoins no es una buena inversión para todos. Esto se debe a que es cada vez más costoso y obtener una ganancia es casi imposible. Sin embargo, si es un tomador de riesgos, los siguientes pasos pueden ayudarle a comenzar:

- Determine si la minería de bitcoin es una empresa rentable. Vaya a la calculadora de minería de Bitcoin e ingrese los datos de la minera de bitcoin que desea comprar. Esto le permitirá realizar algunos cálculos y aproximar cuánto tiempo le llevará alcanzar el equilibrio e incluso obtener una ganancia. Pero prepárese para gastar unos cientos de dólares para extraer algunos bitcoins.

Además, determine si la minería de bitcoin es legal en su país. Es posible que muchos países no tengan problema, especialmente si paga fielmente los impuestos sobre sus ganancias. Además, en los Estados Unidos, muchas empresas mineras de bitcoins están ubicadas en el condado de Chelan, Washington, para beneficiarse de la electricidad barata. Recuerde, la minería de bitcoin también consume mucha energía.

- Comprar el hardware de minería de bitcoin. Consiga un minero ASIC. El minero ASIC es una computadora especializada que está diseñada para el único propósito de la minería de bitcoin. Su computadora de escritorio o portátil no puede manejar los procesos actuales de minería de bitcoin.

Puede ir a través de varias revisiones de hardware de minería y obtener una máquina que sea mejor para usted. Si posee suficiente capital, puede elegir Antminer S9, que es uno de los mineros más poderosos.

- Únase a un grupo minero y comparta su tasa hash con otros mineros. Un grupo de minería involucra a un grupo de mineros de bitcoins que combinan el poder de cómputo para crear tantos bitcoins como sea posible. No opte por la minería en solitario porque los bitcoins normalmente se otorgan en bloques. La actual recompensa del bloque de bitcoin es 12.5. Tiene que ser extremadamente afortunado para obtener cualquiera de estas monedas. De lo contrario, si se une a un grupo de minería, es más fácil obtener esta recompensa de bloque, y si su contribución a la tasa de hash en el grupo es del 1%, estará encantado de recibir 0.125 bitcoins.

Al unirse a un grupo, recibirá algoritmos más pequeños y fáciles de resolver. Finalmente, el esfuerzo combinado de su grupo garantizará que resuelva el algoritmo más grande y luego gane bitcoins, que se distribuyen en el grupo según su contribución individual. En términos simples, el grupo de minería le ayuda a obtener una cantidad más consistente de bitcoin, por lo que recibe un buen retorno de su inversión.

Considere los siguientes puntos antes de unirse a un grupo minero:

- o El grupo debe ser estable.

- o Averigüe lo fácil que es retirar sus fondos.

- o Las tarifas cobradas por la extracción y retiro de fondos.

- o Averigüe el método de recompensa.

Esta publicación puede ayudarle a tomar una decisión. También puede comparar sus hallazgos con las vistas de la **bitcoin wiki**. Una vez que tome la decisión de unirse a un grupo en particular, regístrese y obtenga un nombre de usuario y contraseña.

- Instalar un programa de minería. Este es un cliente de minería que ejecuta en su computadora para que pueda controlar y monitorear su plataforma de minería. La mayoría de los programas de minería son de código abierto y están disponibles de forma gratuita. Su grupo de minería puede tener su propio software recomendado, así que averigüe qué usan y por qué. Si no, hay muchos programas mineros; solo elija uno que sea compatible con su plataforma e instálelo. Marque aquí si está interesado en comparar diferentes programas de minería.

- Comenzar la minería. Solo conecte su minero a una toma de corriente y enciéndalo. Después, conecte su minero a su computadora, normalmente a través de USB, y abra su programa de minería. Se le solicitará que ingrese su grupo de minería, nombre de usuario y contraseña.

Después de configurar esta información, puede iniciar la minería. Simplemente ejecute el archivo batch que se haya creado y deje que el minero se conecte y comience a minar. Cuando el minero comience a trabajar, descubrirá que el resto de su computadora se reducirá a un rastreo.

Siga controlando la temperatura, ya que el programa de minería puede llevar el hardware a sus límites y provocar un sobrecalentamiento excesivo. Considere utilizar un programa como SpeedFan para asegurarse de que sus temperaturas no excedan sus límites de seguridad.

- Siga revisando su rentabilidad: después de minar por un tiempo, es una buena idea verificar sus cifras y determinar si la minería es una buena inversión o no. Una forma sencilla de evaluar esto es averiguar cuánto ganó en los últimos días. ¿Y cómo se compara eso con lo que gastó en su intento de mantener su equipo funcionando de manera óptima durante ese tiempo?

A veces, es posible que desee invertir en minería de bitcoin sin pasar por la molestia de poseer y mantener el hardware de minería. En tal caso, la minería en la nube puede ser su forma preferida de invertir sus fondos.

Minería de bitcoins en la nube

La minería en la nube de Bitcoin implica el uso de una potencia de procesamiento compartida que se ejecuta desde centros de datos remotos. Con la minería en la nube, puede extraer bitcoins sin administrar el hardware de minería, una opción que le resultará más útil si no tiene esa mentalidad técnica. La minería en la nube se ofrece como un servicio y los retornos son normalmente bajos. Sin embargo, siempre tenga cuidado; la minería en la nube atrae muchas estafas.

Estos son algunos de los beneficios de la minería en la nube:

✓ La minería en la nube reduce las posibilidades de pérdidas como resultado de la avería del equipo minero. No tiene que preocuparse por ser decepcionado por los proveedores de equipos también.

✓ No tendrá problemas de ventilación que surjan del equipo caliente.

✓ Cuando la minería deja de ser rentable, no tendrá equipo que tenga que vender para recuperar su capital.

✓ Tendrá un hogar tranquilo y fresco, porque no tendrá ventiladores constantemente zumbando y no incurrirá en costos adicionales de electricidad.

Por otro lado, la minería en la nube podría no valer el esfuerzo por estas razones:

✓ No hay flexibilidad y no tendrá control sobre el proceso.

✓ Es probable que sea bombardeado con frecuentes advertencias contractuales de que las operaciones mineras pueden terminar debido al precio de bitcoin.

✓ Márgenes de ganancia bajos. Esto se debe a que los costos de operación se deben recuperar como primera prioridad.

✓ Se arriesga a ser víctima de estafa porque las operaciones mineras normalmente son opacas.

✓ ¡Y si es usted un aficionado al que le gusta mucho la construcción de sistemas, la minería en la nube será demasiado aburrida para usted!

Cómo funciona la minería en la nube

En este caso, hay una empresa que posee y ejecuta diversos hardwares de minería de bitcoin ubicados en diferentes áreas donde el costo de la energía es bajo. Luego, esta compañía ofrece parte de su poder de procesamiento en alquiler a diferentes personas por una tarifa. Sus ganancias dependen de la cantidad de poder hash que alquile.

Las siguientes son algunas de las compañías que ofrecen minería en la nube de bitcoin:

- **Minergate**: con Minergate, puede retirar tan solo 0,01 bitcoins mientras mina monedas con el tipo de cambio más alto.

- **Genesis mining**: este es el proveedor de minería en la nube más grande y más transparente. Genesis sigue invirtiendo en el mejor hardware disponible para continuar ofreciendo mejores servicios a los inversores.

- **Eobot**: si está buscando las soluciones de minería en la nube más fáciles y baratas, Eobot puede ayudarlo a comenzar. Se le permitirá intercambiar entre cualquier criptomoneda, así como realizar una minería gratuita y puede hacerlo.

- **HASHING 24 (Bitfury)**: Su objetivo es lograr que todos participen en la minería de bitcoin. Puede acceder a la última tecnología mientras realiza la minería a gran escala de bitcoin.

Una vez que haya considerado las dificultades antes mencionadas y aún confíe en que puede ganar algo de dinero invirtiendo en la minería en la nube, simplemente comience por comprar acciones en línea y unirse a un grupo de minería en la nube. Simplemente seleccione su plan preferido, realice los pagos necesarios y comience la extracción.

Siempre realice verificaciones de antecedentes antes de invertir. Puede intentar hablar con antiguos clientes o llevar a cabo sus investigaciones en los canales de las redes sociales para establecer la autenticidad de los operadores con los que se encuentra. Se trata de realizar la diligencia debida de la misma manera que lo hace para cualquier otra inversión.

Pero no olvide que el riesgo de fraude y mala gestión es demasiado común en este tipo de manejo. Por lo tanto, solo invierta en la minería en la nube si se siente cómodo con tales riesgos y no invierta más de lo que está dispuesto a perder.

Puede ganar algunos bitcoins de la minería, pero recuerde que es más rentable comprar que minar bitcoins. Si cree que la minería es genial y desea experimentar con ella, entonces la minería en la nube no es la mejor opción. En cambio, comprar un **minero USB barato** y usarlo en casa resultará más rentable a largo plazo.

Consejos para invertir en Bitcoin

La alta volatilidad de Bitcoin en el rango de precios, junto con su facilidad de compra, la convierte en la opción de inversión más buscada en todo el mundo. Muchos clientes siguen siendo atraídos por ella, con el objetivo de beneficiarse de una manera u otra. Sin embargo, esto no ocurre sin una parte considerable de los riesgos. Por lo tanto, los siguientes consejos tienen la intención de ayudarlo a comerciar de manera segura y evitar cometer errores:

- Entender el mercado antes de comerciar. Este es un proceso continuo que requiere mucho tiempo, concentración y esfuerzo. Es importante realizar una investigación de mercado exhaustiva y estar al día con las tendencias actuales del mercado. Parte de su investigación puede involucrar la consulta de expertos financieros o de inversión y el establecimiento de un plan viable. Haga todas las preguntas que pueda y solo haga su movida cuando esté seguro de que es la correcta.

A veces, su agente cambiario puede estar ejecutando promociones y emitiendo cupones; siempre aproveche estos incentivos.

• A veces, el precio de bitcoin puede variar de un país o región a otro/a. Si tiene un alto nivel de tolerancia al riesgo, puede ganar algo de dinero simplemente comprando Bitcoin barato en un país y vendiéndolo de manera costosa en otro. Sin embargo, esta forma de comercio puede ser bastante arriesgada si se la juzga mal; usted puede perder dinero debido a cambios repentinos en el mercado.

Aprovechar al máximo la tecnología disponible también le ayudará a obtener los máximos beneficios.

• Tener un objetivo antes de entrar en cualquier oficio. Una negociación solo debe iniciarse cuando tenga una razón concreta para hacerlo y haya diseñado una estrategia clara que lo ayude a tener éxito. Esto le ayudará a determinar cuándo cobrar. Se mantendrá concentrado, sin emociones y más profesional. Incluso si su objetivo es comerciar a diario, puede notar que tiene más sentido no ganar y no hacer nada más que simplemente apresurarse y perder sus monedas de igual forma.

El mantenerse a un nivel profesional le ayudará a comerciar sin presión. Le asegura que comience a operar solo cuando tenga las condiciones óptimas y esté seguro de cuándo y cómo salir de ella. Recuerde, comerciar bajo presión equivale a causar grandes pérdidas; evítelo por completo. La próxima oportunidad vendrá y le dará frutos.

• Siempre diversifique su inversión. Poner sus "huevos en una sola canasta" es un enfoque muy arriesgado. Divida su capital en lotes más pequeños y entre en varias posiciones de diferentes niveles de precios.

- Evite invertir sus ahorros de vida o dinero que pueda afectar su vida en caso de pérdida. Recuerde, el mercado del bitcoin todavía está lleno de mucha incertidumbre.

- Gestión de riesgos: no es aconsejable buscar el pico del movimiento. Siempre busque pequeñas ganancias que potencialmente se acumulen en una grande. Sepa cómo administrar bien el riesgo, especialmente en una cartera de inversiones más amplia. Por ejemplo, un mercado no líquido (que normalmente es muy riesgoso) no merece una inversión de más de un pequeño porcentaje de su cartera.

- No tenga miedo de hacer transacciones de prueba. Normalmente, las monedas digitales son menos estables en comparación con las monedas convencionales. Por lo tanto, antes de enviar una transacción, averigüe si la otra parte tiene un monedero seguro. Puede comenzar enviando una pequeña cantidad de unidades y solicitando que le sean devueltas. Si el proceso se desarrolla sin problemas, puede estar seguro de que la próxima transacción se completará de manera similar.

- Elija siempre su agente cambiario o corredor con cuidado. Obtenga un agente cambiario que sea fiable y lo suficientemente flexible como para que no tenga inconvenientes de ninguna manera. Si opta por una plataforma que se especializa en bitcoins, será mucho mejor.

- Evite vender su bitcoin demasiado pronto. Después de invertir, tómese un tiempo, supervise sus bitcoins y comience a tomar medidas que le permitan obtener grandes ganancias. Sin embargo, no lo retenga por mucho tiempo. Puede perder la oportunidad obtener más ganancias.

Además, considere vender solo pequeñas cantidades cuando necesite el dinero, mientras retiene el resto en la red.

- Puede estar interesado en mantener su anonimato; esto no debería preocuparle tanto. Aún puede comprar bitcoins por correo a través de un servicio como BitBrothers LLC. Aunque deberá pagar una tarifa, este servicio le permitirá adquirir bitcoins sin necesariamente iniciar sesión en línea.

- Como comerciante, siempre tenga en cuenta que, tanto perder como ganar, es parte del juego. A largo plazo, las ganancias acumuladas le harán sentir más orgulloso de lo que puede pensar. ¡Feliz comercio de bitcoins!

El futuro del Bitcoin

La naturaleza descentralizada del Bitcoin hace que los inversores lo clasifiquen como una criptomoneda fundamentalmente fuerte. Esta descripción significa que el Bitcoin tiene un alcance de crecimiento más largo y más amplio. Esto quizás explica por qué el precio del bitcoin sigue aumentando constantemente mientras ofrece buenos beneficios a los inversores.

La naturaleza descentralizada ha sido catalítica y fundamental para revolucionar el comercio al permitir que las transacciones se realicen a través de las fronteras internacionales con mucha facilidad. Por ejemplo, bitcoin le permite enviar transacciones por una fracción del costo de la mayoría de las plataformas de pago convencionales y poseer un monedero de bitcoin no tiene por qué costarle nada en términos de registro y mantenimiento de la cuenta.

Es bastante evidente que el bitcoin tiene muchas ventajas. Por esta razón, es probable que siga siendo relevante durante bastante tiempo. A continuación, se presentan algunos de los indicadores de que el futuro de bitcoin es brillante:

- La aceptación continua del bitcoin en varias plataformas comerciales: un número cada vez mayor de grandes corporaciones ha comenzado a ofrecer bitcoin como un método de pago alternativo. Esto significa que aquellas compañías que todavía están esperando en la sombra eventualmente también lo harán; un disparador de reacción en cadena que probablemente haga que el Bitcoin sobreviva por más tiempo e incluso se convierta en una moneda universal.

Varias universidades en los Estados Unidos también han comenzado a aceptar Bitcoin como medio de pago, una medida que probablemente sea fundamental para que el Bitcoin se convierta en una moneda alternativa.

- La capitalización del mercado del Bitcoin (actualmente tiene una capitalización de mercado de más de $ 160 mil millones) es de alguna manera un indicador de que esta criptomoneda se ha vuelto demasiado grande como para colapsar. A pesar de que se argumenta ampliamente que el Bitcoin se encuentra actualmente en una burbuja especulativa, no está claro determinar cuándo colapsará la burbuja. E incluso si ocurriera el colapso, la mayoría de los usuarios aún confían en que el Bitcoin probablemente sobrevivirá por medio de sí mismo.

- Pronto, es probable que veamos la habilitación de los pagos instantáneos con bitcoins para freelancers, sitios web, entusiastas de las redes sociales, etc. Como tal, comenzará a aceptar cualquier cantidad de bitcoins e, inmediatamente, los podrá convertir a USD o Euros y los aprovechará en su tarjeta de débito, simplemente insertando algunos códigos simples en su sitio web para aceptar el pago.

- Bitcoin también se adoptará en gran parte del mundo desarrollado, donde no hay sistemas de pago que permitan el pago instantáneo de persona a persona. Sin embargo, los reguladores en estos países pueden representar la mayor barrera para el crecimiento de esta criptomoneda. Establecer intercambios locales de bitcoins para atender la enorme demanda también puede ser una tarea cuesta arriba debido a las reacciones mixtas que rodean la aceptación de bitcoins.

Bitcoin como protocolo sigue evolucionando. Recuerde, bitcoin es un protocolo primero y la parte de la moneda pasa a ser la primera aplicación que se escribió sobre él. Esto significa que se están desarrollando más y más aplicaciones basadas en el protocolo de bitcoin, y pueden redefinir completamente la forma en que se realizan las transacciones en línea en el futuro. Por ejemplo, la moneda de bitcoin pronto puede ser destronada y **Litecoin** o **Dogecoin** pueden prevalecer, creando así inmensas oportunidades para los inversores. Solo mantenga los ojos abiertos y explore esas oportunidades.

De hecho, todavía abundan muchas preguntas sobre si se podría considerar que Bitcoin es una versión del oro del siglo XXI o es solo una moda popular de corta duración que probablemente evolucione hacia algo muy diferente en un futuro cercano. Lo que queda claro es el hecho de que Bitcoin continúa siendo un gran atractivo para muchos, en particular de una sección de personas con conocimientos de tecnología, que sin duda será un gran refuerzo en el rendimiento de su mercado, a pesar de su volatilidad.

Conclusión

Bitcoin es una tecnología emergente que puede revolucionar las transacciones en línea. Al invertir en bitcoin, puede mantener sus acciones razonablemente privadas de los depredadores en línea mientras mantiene el control total de sus transacciones. Por lo tanto, ¡ahora es el momento de invertir! Sumérjase y benefíciese de la volatilidad de los precios del bitcoin. Y mientras lo hace, tenga en cuenta que los bitcoins y otras criptomonedas son altamente volátiles y no están reguladas. Podría perder toda su inversión. Por lo tanto, ¡solo invierta lo que pueda permitirse perder!

Si encuentra que este libro le ha sido de ayuda, ¿podría recomendarlo a otros? Una forma de hacerlo es publicar una reseña en Amazon.

Tercera Parte: Ethereum

La guía esencial para principiantes en inversión en Ethereum, minería y contratos inteligentes

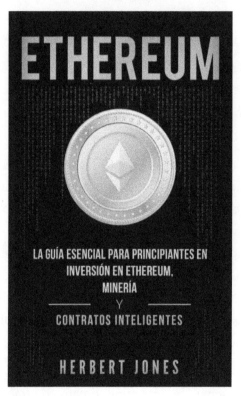

Introducción

Este libro contiene información útil sobre Ethereum que lo ayudará a comprender los entresijos de la inversión, la minería y los contratos inteligentes.

El aumento de las monedas criptográficas y su posterior popularidad han traído consigo la aparición de oportunidades de hacer dinero que nunca antes se habían visto. Piénselo: bitcoin, la criptomoneda líder, ha aumentado su valor más de diez veces en los últimos 4 años, desde mínimos de 500 a más de 5.000 dólares por bitcoin. Con estos altos precios, los bitcoins están cada vez más fuera del alcance de la gente común. La pregunta es: ¿hay alguna forma de hacerse rico con las criptomonedas sin tener que invertir tanto para obtener bitcoins? Sí, la hay, y Ethereum es el camino a seguir.

¿Está ansioso por crear su propia historia de éxito? ¿Le gustaría unirse a un esquema de inversión dinámico, uno que se integre perfectamente con su horario (en realidad no tiene que comerciar, solo comprar, retener por un tiempo y luego vender) y ofrece inmensos beneficios? Entonces Ethereum puede ser todo lo que necesita para hacer sus sueños realidad. De hecho, Ethereum es una opción de inversión revolucionaria y excitante que puede garantizarle un futuro financiero más brillante. Por lo tanto, aprovéchelo y comience a perseguir el éxito.

Esta guía busca ayudarle a descubrir las estrategias de inversión más inteligentes al proporcionar información básica sobre Ethereum para ayudarle a construir sin problemas su cartera de inversiones, mientras aprende los diversos conceptos de minería y contratos inteligentes y obtiene ganancias atractivas.

Esta guía también es plenamente consciente de que Ethereum aún está en sus inicios y está cargado de riesgos y complejidades únicas. Como tal, su ingenio es esencial para idear nuevas iniciativas y enfoques innovadores que puedan ayudarlo a manejarse en este dominio de rápido crecimiento sin sentirse abrumado por las dificultades y barreras emergentes. Sin embargo, como con cualquier otro plan de inversión, siempre recuerde que el trabajo duro y la coherencia dan sus frutos. ¡Así que vamos a entrar de lleno en Ethereum!

Capítulo 1: Ethereum: Un fondo comprensivo

¿Qué es Ethereum?

En pocas palabras, Ethereum se refiere a una plataforma de software abierta basada en la tecnología *blockchain* o cadena de bloques, que brinda a los desarrolladores la oportunidad de crear y desplegar aplicaciones desde cualquier lugar del mundo.

Para que entienda mejor esta definición, analicemos en primer lugar qué implica la tecnología *blockchain*.

Tecnología *blockchain*

En primer lugar, hoy en día, la mayoría de nuestra información financiera, contraseñas y datos personales se almacenan principalmente en las computadoras y servidores de otras personas que son propiedad de compañías como Google, Facebook, Netflix o Amazon. Por lo tanto, estas compañías despliegan equipos de personal altamente calificado que trabajan incansablemente para ayudar a almacenar y asegurar sus datos, independientemente de lo que suceda. Esto le ofrece muchas facilidades. Por ejemplo, puede acceder fácilmente a sus datos desde cualquier parte del mundo, siempre y cuando tenga una conexión fiable a Internet.

Sin embargo, esta conveniencia viene con una serie de pegas. En algunos casos, la compañía de alojamiento puede cobrarle por retener sus datos cuando lo solicite, y grandes volúmenes de datos pueden implicar grandes cargos de alojamiento. Además, al usar aplicaciones como Netflix o Facebook, puede encontrarse casos en los que un sitio esté "inactivo" y no pueda proceder tan rápido como quisiera. Esto significa que la aplicación no puede acceder a los datos que necesita como resultado de varios problemas de impedimento; y si el centro de datos o el servidor caen, la aplicación dejará de funcionar por completo. Bastante desagradable, ¿no?

Además, sus datos son muy vulnerables y pueden sucumbir a amenazas de ataques externos. Cualquier gobierno o pirata informático puede atacar o intervenir el servidor de terceros, y así obtener acceso a sus datos sin su conocimiento. Con dicho acceso no autorizado, los *hackers* pueden incluso alterar, filtrar o robar su información importante.

Debido a estas deficiencias, siempre se ha pensado que la descentralización de Internet está atrasada. En este sentido, se están ideando muchas herramientas para lograr este objetivo. La tecnología *blockchain* es una de estas herramientas. Esta tecnología fue puesta en el foco de atención por Satoshi Nakamoto en 2009 y continúa evolucionando a medida que crece en popularidad. Max Kaplan, un entusiasta del *blockchain*, lo define como una serie de **dispositivos informáticos distribuidos que se vinculan entre sí al compartir y autenticar datos**. *Blockchain* en realidad se refiere a una base de datos que se distribuye en múltiples dispositivos informáticos diferentes ubicados en cualquier lugar del mundo. Estos dispositivos informáticos también se conocen como "nodos" y comparten los mismos datos. En términos simples, una cadena de bloques, o *blockchain*, es una especie de libro de contabilidad digital que se comparte entre varias computadoras. Esto significa que, si un nodo o computadora falla, no hay problema, ya que otros nodos en la misma cadena tienen datos idénticos.

La tecnología *blockchain* esencialmente ha formado la columna vertebral de un nuevo tipo de internet. Esto se debe a que permite que la información digital se distribuya, pero que no se replique o reproduzca, mientras se utilizan muchos dispositivos informáticos, un hecho que mejora sus índices de seguridad. La naturaleza descentralizada de las cadenas de bloques hace que el pirateo sea imposible, ya que nadie puede obtener acceso directo para manipular sus datos.

A pesar de que la tecnología *blockchain* se inventó originalmente para *bitcoin*, la moneda digital, los entusiastas de la tecnología continúan descubriendo otros usos asociados con esta tecnología. Como tal, se ha convertido en una plataforma fiable donde se pueden desarrollar muchas aplicaciones. Por ejemplo, las aplicaciones que requieren seguridad de datos y validación de procedimientos múltiples, como las estrategias **contra el lavado de dinero**, encuentran los *blockchains* más convenientes que otras tecnologías.

Bitcoin fue la primera aplicación popular en emplear el uso de *blockchains*. La cadena de bloques de Bitcoin actúa principalmente como un libro financiero irreversible, lo que la convierte en una criptomoneda más segura. La criptomoneda se refiere a una moneda digital o virtual que emplea el uso de técnicas de encriptación (comúnmente conocidas como criptografía) para regular la generación de unidades monetarias y la verificación posterior de la transferencia de fondos sin el control directo de un banco central. Por lo tanto, el *bitcoin* es un tipo de criptomoneda que es independiente de la autoridad de cualquier banco central, se basa en cálculos matemáticos y sirve como un sistema de pago electrónico eficiente pero menos costoso. La forma más fácil de describir una criptomoneda es que no es emitida por un banco central o autoridad gubernamental y no tiene una forma física, como una moneda o un billete.

La rápida aceptación mundial de la tecnología *blockchain* y *bitcoin* se atribuye a sus cualidades únicas de transparencia e incorruptibilidad. En realidad, una red de cadenas de bloques opera en un estado de consenso en el sentido de que rutinariamente se registra consigo misma cada diez minutos. De este modo, la red concilia automáticamente cada transacción que se realiza en intervalos de diez minutos. Una vez se producen las transacciones, se registran en "bloques" que luego se ingresan en los libros de contabilidad digitales para ser validados por un número dado de computadoras dentro de la red de *blockchain* respectiva. Lo más importante es que el libro se replica de la misma forma en toda la red.

A pesar de que el usuario o la persona que realiza una transacción puede ser anónimo, el rastro de estos bloques sigue siendo público y nadie puede alterar ninguna unidad de información sobre él. De este modo, cualquier persona puede acceder al historial completo de todas las transacciones que tienen lugar y todos los cambios también se hacen visibles para todos. En general, la robustez de Bitconin radica en el hecho de que aumenta la eficiencia y elimina la posibilidad de fraude al proporcionar un sistema de prueba de trabajo objetivo que garantiza la seguridad y la validez de cualquier transacción. Y así es como Bitcoin sigue siendo una opción fiable en las transacciones digitales.

También es importante tener en cuenta que, tradicionalmente, las transacciones digitales han exigido la autorización o validación de terceros, como los bancos. De hecho, este ha sido un paso muy importante, ya que el dinero en una plataforma digital se presenta como un archivo y se puede copiar y reutilizar. Sin embargo, involucrar a tales intermediarios tiene un coste, ya que los bancos a menudo lo obligan a jugar con sus reglas, y con cualquier cantidad de comisiones que exijan. Sin embargo, el uso de firmas digitales Bitcoin y libros públicos permite que se realicen transacciones anónimas y seguras sin necesidad de entidades de confianza, ya que la red pública de nodos autentica las transacciones al garantizar que la mayoría de los nodos deben alcanzar un acuerdo unánime.

Se discute ampliamente que Bitcoin se ha vuelto adoptable en mercados cuyas monedas están muy infladas y necesitan herramientas específicas que puedan facilitar el despliegue e intercambio de monedas. Del mismo modo, aquellos mercados con una infraestructura financiera tradicional inadecuada, pero con datos móviles suficientes, consideran que la tecnología Bitcoin es más valiosa y sostenible para llevar a cabo diversas transacciones.

Teóricamente, las criptomonedas casi nunca pueden sufrir interferencias de las autoridades porque solo la persona con la clave privada puede acceder a ellas y no se almacenan en ningún lugar en particular. Por lo tanto, un gobierno no puede simplemente apoderarse de estas, ya que alcanzar la mayoría de los nodos puede ser imposible.

A partir de la explicación anterior, debería haber obtenido una idea clara de lo que implica la tecnología *blockchain*. Ha visto la aplicación de cadenas de bloques en criptomonedas y ha comprobado lo segura que es esta plataforma. Ahora, podemos volver a Ethereum.

Ethereum funciona igual que Bitcoin, ya que se basa en los grandes trazos de una cadena de bloques. Es una red abierta que es administrada y controlada por sus usuarios sin la interferencia de ningún banco o gobierno. Sin embargo, Ethereum no es solo una criptomoneda (no solo una moneda digital), sino que contiene otras características que lo convierten en una opción más fuerte para el comercio digital. En otras palabras, Ethereum funciona como una plataforma a través de la cual los individuos pueden usar los *ethers* para crearlos y operar con estos, o ejecutar aplicaciones mientras explotan sus revolucionarios contratos inteligentes. Antes de explorar estas características, echemos un vistazo a algunos de los usos de Ethereum.

Usos de Ethereum

El uso de Ethereum le brinda una ventaja adicional de participar en la red computacional global. De hecho, las cadenas de bloques hacen posible estos usos. Algunos de los usos notables son:

- **Protección de la propiedad intelectual**: uno de los inconvenientes de estar en Internet es que permite la reproducción y distribución infinita de información digital. Como tal, los usuarios de la web global pueden acceder fácilmente a una mina de oro de contenido digital gratuito, lo que perjudica a los titulares de derechos de autor genuinos que eventualmente pierden el control sobre su propiedad intelectual y también sufren pérdidas financieras.

Sin embargo, en las redes Ethereum, los titulares de derechos de autor tienen mucho que ganar. Ya no tienen que preocuparse como titulares de los derechos de autor porque solo tienen que usar contratos inteligentes para proteger y automatizar la venta de sus trabajos creativos y, esencialmente, eliminar el riesgo de reproducción y redistribución de sus archivos. Si usted es un artista musical, puede utilizar la cadena de bloques para establecer la propiedad de su trabajo, definir los términos del contrato inteligente a través del cual se pueden estipular y ejecutar las licencias otorgadas y protegerlo contra el uso no autorizado.

Además, los objetos de código abierto pueden ser patentados instantánea y libremente por la cadena de bloques porque una patente simplemente implica un concepto sellado y almacenado en un lugar donde no se pueda falsificar. Por ejemplo, Mycelia, un sistema de distribución de música entre pares del Reino Unido para la música, se basa en Ethereum y proporciona una plataforma a través de la cual los músicos pueden realizar ventas directas al público, y los productores pueden emitir muestras de licencias y emitir regalías a músicos y compositores. Además, el proyecto Ascribe se lanzó en 2014 con el objetivo de ayudar a los creadores a garantizar sus derechos de propiedad intelectual utilizando la tecnología *blockchain*. Cualquier tipo de licencia, como las licencias Creative Commons (CC), es admisible en Ascribe. Por lo que, si tiene algún trabajo, simplemente regístrelo en la sección de licencias CC de la cadena de bloques de la siguiente manera:

- Abra el sitio web de Ascribe en **http://cc.ascribe.io**

- Cargue el trabajo que desea patentar y complete los metadatos apropiados. Asegúrese de que los campos de título, autor y año se llenan de manera correcta y precisa.

- Finalmente, haga clic en "Registrarse" una vez que haya seleccionado la licencia CC.

Una vez que haya hecho eso, el sistema registrará automáticamente su archivo de forma segura, asegurándose de que su archivo esté sellado según los términos y condiciones de la licencia y todos los metadatos proporcionados se incluyen en la cadena de bloques. Y con una licencia de Creative Commons, obtiene el verdadero "contrato inteligente", ya que puede realizar un seguimiento de su trabajo sobre el tráfico y la reutilización en línea.

- **Comercio de acciones**: las cadenas de bloques son buenas para el comercio de acciones debido al potencial de una mayor eficiencia en la liquidación de acciones. Esto se debe a que el comercio de acciones de *blockchain* permite la ejecución instantánea de igual a igual, a diferencia del caso tradicional en el que es inevitable que transcurra un período de 3 días para que se produzca la autorización. Este es un claro indicativo de que los agentes pueden realizar transacciones de manera eficiente sin involucrar a intermediarios como auditores, custodios y cámaras de compensación.

- **Registro de títulos de propiedad**: el proceso de adquisición de títulos de propiedad ha resultado ser tedioso y lleno de numerosos obstáculos. Esto se debe a que dichos procesos son costosos, requieren mucha mano de obra y son altamente susceptibles al fraude. Pero con las cadenas de bloques, cuenta con libros de contabilidad accesibles al público que hacen que todos los distintos tipos de registros sean más eficientes y estén bien organizados. La mayoría de los países se están desviando hacia proyectos de registro de tierras basados en tecnología *blockchain*. Suecia, la República de Georgia y Honduras son algunos de los países que están experimentando con las diversas aplicaciones *blockchain* para administrar títulos de propiedad.

- **Administración de datos**: actualmente, quizás esté utilizando plataformas de redes sociales, como Facebook, de forma gratuita a cambio de sus datos personales. Sin embargo, Ethereum puede darle la oportunidad de administrar y vender de manera conveniente los datos generados por sus actividades en línea. Por ejemplo, el proyecto del MIT, Enigma ha incorporado los principios de privacidad del usuario como facetas esenciales en la creación de un mercado de datos personales. Mediante el uso de técnicas criptográficas, Enigma permite que se compartan conjuntos de datos individuales entre nodos mientras se ejecutan simultáneamente cálculos masivos en todo el grupo de datos. Además, Enigma permite la fragmentación de datos, una característica que lo hace más escalable.

- **Lucha contra el lavado de dinero y conocimiento de las prácticas de sus clientes**: los complejos procesos interminables de tantos pasos que requieren tanta mano de obra y que realizan las instituciones financieras para todos y cada uno de los nuevos clientes pueden ser una cosa del pasado con solo adaptar la tecnología *blockchain*. La tecnología de cadena de bloques reduce potencialmente dichos costos al facilitar la verificación de clientes entre instituciones, así como a mejorar la efectividad del seguimiento y análisis de transacciones. Por ejemplo, Polycoin tiene soluciones contra el lavado de dinero que involucran el análisis y el reconocimiento de transacciones sospechosas que son enviadas a los oficiales de cumplimiento par que tomen acción.

- **Administración de identidad**: la necesidad urgente de un mejor sistema de administración de identidad en la web no puede ser subestimada. Su capacidad para demostrar su identidad es un componente esencial de sus transacciones financieras en línea. Pero es posible que haya notado que las medidas de mitigación para los riesgos de seguridad asociados con el comercio web son inadecuadas y es posible que no garanticen un comercio justo. Esto se debe a que el desarrollo de estándares de identidad digital es un esfuerzo más complejo de lo que parece. Por ejemplo, obtener la cooperación tan necesaria entre el gobierno y el sector privado, así como la navegación por los sistemas legales de los diferentes países, resulta ser más desafiante de lo previsto. Al involucrar el uso de libros de contabilidad distribuidos en sus transacciones en línea, puede aprovechar una gran cantidad de recursos para verificar su identidad e incluso obtener una plataforma controlada para digitalizar sus documentos personales. El comercio electrónico en Internet depende del certificado SSL para transacciones seguras. Netki espera crear un estándar SSL para la cadena de bloques y mejorar las características de seguridad de las transacciones en línea.

- **Auditoría de la cadena de suministro**: los clientes están cada vez más ansiosos por determinar si las afirmaciones éticas hechas por las compañías sobre sus respectivos bienes y servicios son genuinas. La forma más fácil y eficiente de confirmar que la integridad de los bienes que compra es real es usar libros de contabilidad distribuidos. La marca de tiempo de una fecha y ubicación en particular, que corresponde al número del producto, proporcionada por la cadena de bloques, mejora la transparencia y puede contribuir significativamente a la lealtad del cliente. Cuando se integra con Internet de las cosas (IoT), *blockchain* garantiza la visibilidad en tiempo real de los productos, la verificación, el seguimiento de inventario y su certificado de identidad general. Por ejemplo, la aplicación Provenance, que tiene su sede en el Reino Unido, es reconocida por ofrecer auditorías de la cadena de suministro para diversos bienes de consumo. Por ejemplo, un proyecto piloto de Provenance basado en la cadena de bloques Ethereum garantiza que los proveedores indonesios capturen el pescado de forma sostenible antes de venderlo en restaurantes de sushi en Japón.

- *Crowdfunding*: es posible que haya oído hablar de varias iniciativas de *crowdfunding* como Gofundme y Kickstarter. Estas iniciativas continúan redefiniendo la economía emergente entre pares, probablemente debido al hecho de que la mayoría de las personas desean tener una participación directa en el desarrollo de diversos productos. Puede usar la red Ethereum para llevar este interés a otro nivel y, potencialmente, crear fondos de capital de riesgo que sean de origen público.

  Por ejemplo, tan solo busque una idea única que pueda desarrollar en Ethereum. La idea puede implicar que necesite ayuda y algunos fondos para realizarla y darle vida. En esta coyuntura, no tiene que preocuparse y sentirse abrumado con la inmensa tarea que le espera. Simplemente use Ethereum y cree un contrato que pueda retener el dinero de sus donantes hasta la fecha especificada o cuando alcance su objetivo previsto. Las características de seguridad de Ethereum garantizarán que los fondos recaudados se reembolsen a los donantes o se liberen a los propietarios del proyecto. Nuevamente, los donantes pueden usar sus fichas o *tokens* de *ether* para controlar cómo se distribuyen las recompensas. Estas transacciones pueden llevarse a cabo sin la necesidad de entidades de confianza, o cualquier árbitro centralizado.

- **Almacenamiento de archivos**: como se señaló anteriormente, lo que hace que las cadenas de bloques sean tan revolucionarias es el hecho de que los datos se distribuyen a través de la red. Es más probable que encuentre que esta naturaleza de descentralizar el almacenamiento de archivos es más beneficiosa que el simple uso de servidores ordinarios. En particular, sus archivos están protegidos automáticamente de cualquier amenaza externa y no encontrará ningún problema cuando quiera acceder a sus datos. Además, con sitios web completamente descentralizados, Internet puede acelerar los tiempos de transmisión y transferencia de archivos. Ciertamente, esta es una mejora muy necesaria ya que sirve de manera conveniente como una actualización esencial de los métodos actuales de transferencia de contenido en la web, que están sobrecargados.

- **La economía del compartir**: el florecimiento de compañías como AirBnB y Uber da un claro testimonio de que el concepto de la economía del compartir es un éxito. Pero debe depender de un intermediario como Uber si está ansioso por llamar a un servicio de viaje compartido. Por lo tanto, la cadena de bloques puede allanar el camino para las interacciones directas entre las diferentes partes, a través de su capacidad para proporcionar una vía para los pagos entre pares. Un buen ejemplo de ello es la aplicación OpenBazaar, que utiliza la tecnología *blockchain* para configurar un eBay entre pares (*peer-to-peer*). Puede descargar la aplicación OpenBazaar y comenzar a realizar transacciones con sus proveedores sin incurrir en costos de transacción. Además, el protocolo tiene una ética "sin reglas", que garantiza que la reputación personal tenga un mayor peso en las interacciones comerciales que en el caso actual de eBay y otras compañías de venta en línea.

- **Gobierno**: la tecnología de base de datos distribuida de Ethereum puede mejorar la transparencia en cualquier proceso electoral en todo el mundo, a través de su característica destacada de hacer que el proceso de votación y los resultados resulten totalmente transparentes y accesibles al público. Los procesos de verificación de identidad, registro de votantes y la subsiguiente protección de los votos en el libro de contabilidad pueden garantizar de manera eficiente que todo el proceso electoral sea tan a prueba de manipulaciones como fuera posible.

De manera similar, suponga que desea contratar gerentes en su organización, hacer un montón de papeleo o llevar a cabo algunas reuniones de la junta directiva, para estos propósitos los contratos de Ethereum podrían recopilar propuestas de sus simpatizantes y presentarlas de manera tal que el proceso de votación sea completamente transparente para que pueda tomar decisiones informadas. Además, al emplear el uso de la aplicación Boardroom, sus procesos de toma de decisiones organizacionales pueden llevarse a cabo en la cadena de bloques utilizando el modelo de codificación de lógica de negocio. Esto significa que los procesos de administración de la información, el capital o los activos digitales de su empresa serán más transparentes y verificables, aunque se hayan eliminado múltiples etapas de aprobación, asegurando así fluidos y mejores mecanismos de resolución de disputas.

- **Mercados de predicción**: debe haberse dado cuenta de que las predicciones de los grupos sobre la probabilidad de un evento tienen un mayor nivel de precisión. Esto se debe a que obtiene una ventaja adicional de cancelar sus sesgos no examinados que pueden haber distorsionado su juicio al promediar las opiniones de diferentes secciones de la población.

Con las cadenas de bloques, puede obtener fácilmente opiniones de diferentes individuos y hacer predicciones precisas. Puede acceder a muchas **aplicaciones** en línea, especialmente a aquellas que comparten ofertas de acciones después de los eventos en el mundo real, y comenzar a ganar dinero con solo invertir en la predicción correcta. Al comprar más acciones con el resultado correcto, definitivamente obtendrá un retorno mayor independientemente de su capital inicial.

Puede arriesgar incluso una pequeña cantidad de fondos, digamos incluso menos de un dólar, pensar una pregunta, formularla y crear un mercado que dependa de un resultado previsto. Esto le ofrecerá la oportunidad de cobrar la mitad de todas las tarifas de transacción generadas por el mercado, y puede aumentar sus ganancias aprendiendo continuamente cómo adaptar sus preguntas para que coincidan con los eventos actuales y las situaciones de la vida real. Además, si es un fanático de las apuestas, puede beneficiarse de "BetHite", un producto de apuestas basado en contratos inteligentes, y puede potencialmente revolucionar la gama de apuestas entre pares en deportes y otros eventos relacionados.

- **Micro redes de vecindario**: es posible comprar y vender energía renovable generada por las micro redes en su vecindario. Una vez que sus paneles solares producen un exceso de energía, puede redistribuirlos automáticamente utilizando contratos inteligentes en la red Ethereum. Por ejemplo, la compañía Consensys, que desarrolla una gama de aplicaciones para Ethereum, se asoció e implementó el proyecto Transactive Grid, que utiliza los contratos inteligentes de Ethereum para automatizar la redistribución de la energía de la micro red entre varios usuarios.

- **Internet de las cosas**: se refiere a la gestión controlada por la red de determinados tipos de dispositivos electrónicos, como el monitoreo de la temperatura del aire en una instalación de almacenamiento determinada. La automatización de la gestión de sistemas remotos se hace posible mediante el uso de contratos inteligentes. La interacción y los vínculos combinados entre la red, los sensores y el software permiten el intercambio de datos entre mecanismos y objetos, lo que aumenta la eficiencia del sistema y mejora las prácticas de seguimiento de costos.

- **Registros médicos**: las cadenas de bloques le permiten proteger la información personal de su paciente con claves privadas. Y si es un gurú de la tecnología, también puede codificar registros de salud y almacenarlos de forma segura en estas. Por lo tanto, el uso de cadenas de bloques puede mejorar definitivamente la credibilidad y autenticidad de la atención médica, así como la industria de seguros en general. En pocas palabras, algunos de los usos de atención médica de *blockchain* son:

  o Trazabilidad y seguimiento en farmacias.

  o Refuerzo de las innovaciones seguras de sistemas de uso compartido remotos y móviles.

  o Realización de pagos.

  o Seguimiento de registros médicos.

Existen numerosas empresas relacionadas con la atención médica de cadena de bloques que pueden ser beneficiosas para usted. Una de estas compañías es MedRec, que administra los registros médicos a través de *blockchain*. MedRec proporciona datos a nivel de censo de sus registros de salud, y los datos a menudo se obtienen en forma tanto de investigación como de cadena de bloques clínicos. Inventada por investigadores graduados del MIT, la novedosa característica de diseño de MedRec se basa en cómo se validan los registros antes de agregarlos a la cadena de bloques. Los investigadores médicos son los mineros de MedRec y acceder a los datos de los registros médicos a nivel de censo es la recompensa de los mineros. Una vez que se implementa un sistema MedRec, se incorpora una interfaz de usuario para simplificar la forma en que los pacientes interactúan con los registros médicos, combinando varias instituciones.

Ethereum sigue evolucionando y nuevas aplicaciones se descubren cada día. Esto significa que las oportunidades de inversión también continúan evolucionando, y puede elegir un área de su interés y explorarla más a fondo.

Diferentes empresas nuevas están experimentando con varias aplicaciones para cumplir con la mayor cantidad de usos posibles en la red Ethereum. Esta es una clara indicación de que incluso si está menos centrado en la programación y la codificación, o no tiene tiempo para resolver problemas matemáticos complejos y desarrollar varias aplicaciones en la red Ethereum, aún puede ganar dinero simplemente ejecutando esas aplicaciones que ya se han desarrollado.

Inscribirse en algunos de los cursos de Ethereum también agudizará sus habilidades y aumentará su confianza en cómo manejar los desafíos emergentes. Como tal, es importante explorar las propuestas de venta únicas de Ethereum para tener una idea de qué obtener cuando se adentre en esto. Como se señaló anteriormente, las características únicas de Ethereum se encuentran en sus contratos inteligentes y el *ether*. Echemos un vistazo a lo que abarcan estas características.

Contratos inteligentes

Los contratos inteligentes de Ethereum se refieren a mecanismos irrefutables de intercambio controlados digitalmente que facilitan potencialmente las transacciones de valor directo entre partes o agentes no fiables. Un contrato inteligente implica cualquier contrato escrito en código y subido a la cadena de bloques por el creador. Los contratos inteligentes son esenciales para verificar, facilitar o exigir el cumplimiento o la negociación de comandos técnicos que están cargados económicamente, así como evitar el riesgo de contraparte, la colusión, los incidentes de inactividad y la censura. Idealmente, un contrato inteligente digitaliza el intercambio de cualquier cosa de valor, como acciones, propiedad, contenido o dinero, definiendo claramente las reglas y sanciones en torno al acuerdo, así como asegurando que esas obligaciones se cumplan automáticamente. Los contratos inteligentes se pueden describir como programas informáticos de funcionamiento automático destinados a implementarse automáticamente siempre que se cumplan condiciones específicas.

Por ejemplo, suponga que desea comprar una casa de su agente de bienes raíces. Puede hacerlo cómodamente mediante la cadena de bloques pagando con criptomonedas. Recibirá un recibo, que posteriormente se conserva en su contrato virtual. Su agente de bienes raíces también le dará la clave de entrada digital, que debe llegar a usted en la fecha especificada. Si no puede obtener la clave a tiempo, el *blockchain* le entregará automáticamente un reembolso. Además, si su agente de bienes raíces envía la clave antes de la fecha de compra, el sistema primero la guardará y le entregará la clave y la tarifa a su agente de bienes raíces en la fecha de vencimiento. Muchas personas atestiguan los contratos inteligentes y trabajan en la premisa de "Si… entonces…", para garantizar transacciones seguras. En este caso, está seguro de obtener la casa una vez que realice el pago requerido. Por lo tanto, puede utilizar contratos inteligentes para realizar tantas transacciones como sea posible.

Una vez que codifica su contrato inteligente y lo carga en la cadena de bloques, se convierte en una aplicación descentralizada, o un script autónomo, que se almacena para su posterior implementación por parte de la Máquina Virtual Ethereum (EVM). Discutiremos EVM más adelante. El punto importante a tener en cuenta es que los contratos inteligentes de Ethereum son fundamentales para adoptar una forma libre de conflicto de realizar transacciones en línea, ya que dan lugar a procesos más eficientes y simplificados que carecen de cualquier intervención humana. Con contratos inteligentes, no se necesita ninguna autoridad o agente para asegurar y garantizar la integridad de la transacción, sino que el sistema lo hace por usted.

Cómo funcionan los contratos inteligentes

Antes de seguir avanzando, quizás se esté preguntando cómo se traducen exactamente los contratos inteligentes en ganancias. Esto no es tan complejo como cree, especialmente si no está tan involucrado en la materia técnica detrás de la red Ethereum.

Según Wikipedia, los comandos arraigados en los contratos inteligentes de Ethereum se pagan en *ether*. El *ether* básicamente se refiere a la energía que ejecuta la red Ethereum. En términos simples, el *ether* se puede definir como una moneda virtual que se emplea para pagar la implementación de los contratos inteligentes de Ethereum, un proceso que consume recursos significativos. Así, como voluntario, puede ganar ether validando transacciones mientras mantiene toda la red lo más segura posible.

Técnicamente, los contratos inteligentes se basan en un sistema de codificación por computadora inteligente y avanzado. Los programas informáticos resultantes pueden codificar condiciones y consecuencias definidas, en las que los códigos involucrados se basan en consensos anteriores de las partes contratantes. Turing-complete es el lenguaje utilizado por Ethereum para permitir a los desarrolladores crear sus propios programas, ya que admite un conjunto más amplio de comandos computacionales. Una característica del lenguaje Turing-complete es la solidez. Estos **tutoriales** pueden ayudarle a aprender cómo usar el lenguaje. Básicamente, el potencial de contratos inteligentes se encuentra en:

- Funcionando como "cuentas de firma múltiple" en las cuales el gasto de fondos solo se permite cuando un cierto porcentaje de personas está de acuerdo.

- Gestión de acuerdos de usuarios.

- Provisión de utilidad a otros contratos. Esto significa que los contratos inteligentes pueden necesitar la asistencia de otros contratos inteligentes para poder funcionar. Esto suena complejo, ¿verdad? Considere este ejemplo: supongamos que su amigo realiza una apuesta en un día frío de invierno; eventualmente desencadena una secuencia de contratos relacionados. Estos necesitarán un contrato que pueda emplear el uso de datos externos para determinar el clima, mientras que otro contrato se usaría para liquidar la apuesta según la información recibida del contrato inicial, siempre y cuando se cumplan las condiciones.

- Almacenar cualquier información sobre la aplicación, como registros de miembros o información sobre el registro de dominio.

En teoría, los contratos inteligentes operan de la siguiente manera:

- Los términos del contrato primero deben traducirse a código de computadora: la idea es tener un sistema digital determinista. Por lo tanto, todas las cuestiones relacionadas con el contrato, como la resolución de disputas o el incumplimiento de contrato, deben estar claramente estipuladas.

- Las partes deben acordar qué código usar.

- El código debe ejecutarse de manera justa.

¿No es emocionante? ¡Vamos, piense en cualquier problema a resolver, cree un contrato, cárguelo en la plataforma Ethereum y comience a ganar algunos dólares! Como principiante, puede que su amigo digital, *the greeter,* le sea de utilidad.

El uso de los contratos inteligentes de Ethereum ofrece muchas oportunidades que pueden hacer que las empresas sean más eficientes y rentables. En particular, los contratos de Ethereum eliminan la necesidad de terceros para la validación y autenticación de sus contratos, protegen a su empresa de la manipulación externa de los términos de su contrato, y garantizan la inmutabilidad y la automatización de tareas, así como procesos más rentables y más precisos. Además, los contratos inteligentes de Ethereum aseguran que la información de su negocio se guarda varias veces y que los usuarios de la cadena de bloques puedan acceder a esta fácilmente siempre que tengan claves privadas. Esto permite un acceso eficaz a la información, así como su verificación por consenso.

A pesar de que los contratos inteligentes parecen cambiar las reglas del juego en las transacciones en línea, aún se reciben con cierto nivel de escepticismo en todo el mundo. La principal desconfianza sobre el uso de los contratos inteligentes se deriva del hecho de que existe una ausencia de legislación sobre la aplicabilidad de los títulos registrados en la cadena de bloques. Además, no es posible que las autoridades intervengan o contengan a ninguna de las partes en caso de que actividades ilícitas se lleven a cabo mediante contratos inteligentes. Por lo tanto, los inconvenientes de confiar en los contratos inteligentes de Ethereum se basan en su tecnología criptográfica subyacente, que es en gran parte opaca para la mayoría de los procesos legales. Además, el uso de contratos inteligentes en una cadena de bloques pública significa que los errores, como los agujeros de seguridad, no pueden solucionarse fácilmente, a pesar del hecho de que son visibles para todos.

El *ether*

El *ether* simplemente se refiere al objeto de valor de la cadena de bloques Ethereum que se incluye en el código ETH y se negocia en varios *exchanges* de criptomonedas. El *ether* se utiliza para liquidar los pagos por servicios computacionales, así como las tarifas de transacción en la red Ethereum, y también se puede cambiar fácilmente por monedas fiduciarias como euros o dólares. Ya sea funcionando como cualquier otra moneda, como *bitcoin* o incluso el dólar, el *ether* es también el combustible que maneja la red Ethereum. Cuando complete una transacción, se le pagará en forma de *gas*. El proceso de verificación de datos en la cadena de bloques es impulsado por este *gas*. El *gas* representa la comisión de los mineros.

Los mineros realizan actividades costosas e intensivas en energía para procesar transacciones y mantener segura la red Ethereum. En particular, el *gas* da una medida de la complejidad de una operación. Por lo tanto, si una operación es más compleja, entonces cuesta más gas. Por ejemplo, si suma dos números, le costará 3 *gas*, mientras que multiplicar 2 números le costará 5 *gas*, ya que dicha operación es más compleja. El *gwei*, una moneda de denominación más pequeña que el *ether*, es lo que se usa para medir el precio del *gas*. Mil millones de *gwei* hacen un *ether*.

Por lo tanto, al desarrollar contratos inteligentes, debe hacer que el código sea lo más simple posible para reducir los costes de *gas* y alentar a los usuarios a interactuar con su aplicación. Tenga en cuenta que se sabe que las fichas o *tokens* de *ether* sufren volatilidad en el mercado. Esto se debe a que, a diferencia de una transacción de *bitcoin*, que lleva 10 minutos, las transacciones de *ether* duran 15 segundos, lo que repercute en su liquidez y volatilidad. Y a medida que muchas personas se interesan en Ethereum, su valor sigue aumentando y una sola transacción, que está marcada por una gran orden de venta, puede llevar a cambios significativos en su valor.

La liquidez del *ether* permite una rápida conversión hacia y desde monedas fiduciarias. Aun así, la oferta de *ether* es infinita y es impulsada por sus creadores y mineros. Los tecnólogos predicen que el valor de Ethereum solo se estabilizará una vez que logre su objetivo de ser una plataforma global descentralizada que permita interacciones entre humanos y miles de millones de dispositivos. El *ether* puede experimentar grandes altibajos, debido a los frecuentes movimientos de los inversores, pero se espera que el precio a largo plazo sea considerablemente mayor que el actual.

También es importante tener en cuenta que el lanzamiento del *ether* se caracterizó por el financiamiento colectivo y, como resultado, la mayoría de las personas que compraron esta moneda lo poseen. Los expertos predicen que es probable que el equilibrio cambie a favor de los mineros del *ether* en los próximos cinco años. Y cuando comience a invertir, siempre recuerde que Ethereum y Ethereum Classic son diferentes para evitar ser víctimas de planes fraudulentos. Ethereum Classic (ETH) es básicamente una escisión no oficial llevada a cabo por personas que no forman parte del equipo real del proyecto Ethereum.

Máquina Virtual Ethereum (EVM)

EVM se refiere al entorno de ejecución completamente aislado para los contratos inteligentes de Ethereum. Los códigos que se ejecutan dentro del EVM no pueden acceder a los sistemas de archivos, la red u otros procesos. El entorno se crea de tal manera que incluso los contratos inteligentes tienen acceso limitado a otros.

Un código EVM consta de una serie de bytes, y cada byte representa una operación determinada. Esta composición compara un código EVM con un lenguaje *bytecode* o código intermedio basado en pila. La ejecución del código es en forma de bucle infinito y la salida es una matriz de bytes de datos.

EVM es un software de Turing completo y puede permitir a cualquier desarrollador ejecutar cualquier programa, independientemente del lenguaje de programación utilizado, siempre que haya suficiente tiempo y memoria. Con la máquina virtual Ethereum, el proceso de creación de aplicaciones de cadena de bloques es más eficiente y más fácil de lo que lo era antes. Por lo tanto, miles de aplicaciones diferentes pueden desarrollarse potencialmente en la plataforma Ethereum.

Otras características notables que hacen que Ethereum sea valioso son:

- Soberanía: para que se validada una transacción en Ethereum, su saldo debe ser mayor que la cantidad que está enviando, independientemente del propósito para el que envíe o reciba los fondos. Además, como usuario de la red Ethereum, usted es libre de decidir cómo gastar sus fondos sin ninguna autorización. Encontrará que esto es más beneficioso durante esos tiempos difíciles en los que el país puede estar experimentando casos de control monetario e hiperinflación, ya que puede librarse del sistema de moneda fiduciaria.

- Matemáticas y escasez: como se vio anteriormente, las leyes de las matemáticas impulsan la cadena de bloques Ethereum. La distribución de la moneda de Ethereum está codificada de manera inmutable, está disponible públicamente y se llega a ella tras un acuerdo de consenso.

Habiendo visto una breve descripción de las diversas características de la red Ethereum y ganado confianza en cómo funcionan las criptomonedas, ahora puede ir más allá y comenzar a invertir en *ethereum*. El siguiente capítulo trata sobre la inversión en *ethereum* para permitirle tomar posesión del proceso y tomar decisiones informadas a partir de las opciones disponibles.

Capítulo 2: Invertir en *ethereum*

Puede comprar *ethereum* en cualquier *exchange* de *ethereum*. Después de comprar el *ether*, puede almacenar los fondos en su propia cartera segura o en el propio *exchange*. El almacenamiento en el *exchange* es más apropiado cuando se trata de pequeñas compras de *ethereum* porque puede acceder fácilmente a sus fondos. Sin embargo, si está considerando realizar grandes compras de *ethereum*, es mejor que mueva sus fondos a su propia cartera segura. Antes de pasar a los pasos de la inversión en *ethereum*, definamos algunos términos que encontrará en el curso de sus transacciones.

- **Minero de *ethereum***: esta es una máquina que compila las transacciones en bloques antes de insertarlas en la cadena de bloques o *blockchain*. El minero debe completar con éxito los difíciles problemas de cálculo antes de agregar bloques a la cadena de bloques.

- **Nodo Ethereum**: involucra cualquier dispositivo computacional que contenga una copia completa de la cadena de bloques Ethereum. Un grupo de miles de nodos, cada uno confirmando y validando cada transacción en la cadena de bloques, constituye la red Ethereum.

- *Exchange*: esta es una plataforma desde la cual puede comprar y vender criptomonedas. Busque bien para encontrar un buen *exchange*, es decir, uno que tenga una buena reputación y se adapte perfectamente a sus necesidades. El *exchange* que elija dependerá de factores tales como su preferencia personal, su lugar o área de residencia y las diversas leyes que rigen el comercio de criptomonedas. Recuerde, se le solicitará que se registre e incluso que proporcione alguna prueba de identificación antes de realizar transacciones en algunos de estos *exchanges*. Sin embargo, no necesariamente tiene que registrarse para obtener una cuenta en otros *exchanges*, como ShapeShift y Changelly, aunque estos se utilizan principalmente cuando ya tiene otras monedas que le gustaría convertir a *ether*. Como resultado, no se le pedirá que proporcione su información personal, eliminando automáticamente la necesidad de recordar contraseñas.

- **Capitalización de mercado**: se refiere al producto del valor total de la oferta de moneda y el precio de cada moneda. La capitalización de mercado se puede usar para estimar el valor de toda la red.

- **Moneda fiduciaria**: se refiere a cualquier moneda de curso legal, por ejemplo, libras esterlinas, euros o dólares estadounidenses.

- **Criptomoneda**: se refiere a cualquier activo que esté protegido por criptografía, principalmente aquellos activos basados en cadenas de bloques como *bitcoin* o *ethereum*.

- *Token ethereum*: recuerde que el objetivo principal de Ethereum es proporcionar una plataforma para crear aplicaciones descentralizadas (DAPPS). Una vez que las aplicaciones se construyen sobre Ethereum, pueden básicamente crear sus propias monedas. Dichas monedas se denominan fichas o *tokens ethereum* y están destinadas a convertirse en un componente importante en el ámbito comercial de la criptomoneda. A la larga, descubrirá que cualquiera puede crear un *token*, lo que es una buena noticia, ya que simplemente puede invertir un *token* en su aplicación existente y utilizarlo para comenzar a recaudar fondos. Sin embargo, siempre tenga cuidado antes de considerar las inversiones en dichos *tokens*, ya que es posible que algunos de estos no sean para propósitos legítimos y que eventualmente podría perder su inversión.

- **Clave privada**: se le pedirá que tenga una cartera *ethereum* para realizar transacciones en la plataforma Ethereum. La cartera *ethereum* viene con una clave privada. Esta clave privada simplemente se refiere a la clave de su cartera. Debe mantenerla lo más secreta posible. Si alguien más obtiene su clave privada, significa que automáticamente tendrá acceso completo a su cartera y a los fondos que contiene. A medida que crea su cartera, se le pedirá que genere una copia de su clave privada. Normalmente, una clave privada se genera sin conexión en la mayoría de las carteras y casi nunca se envía a un servidor para evitar ser interceptada por terceros. Realice siempre una copia de seguridad y almacene de forma segura su clave privada, porque si la pierde, automáticamente perderá sus fondos.

Las siguientes razones pueden motivarlo a invertir en *ethereum*:

- Puede comprar *ethereum* para utilizarlo: pago de salarios a nivel internacional, operación de contratos inteligentes, interacción con dispositivos de Internet de las cosas basados en *blockchain*, etc.

- Puede comprar *ethereum* para invertir: en este caso, puede diversificar su cartera de inversiones tradicional, protegerse contra el sistema fíat actual o acceder a inversiones de *blockchain*, como ventas de *tokens*, etc.

Al igual que en cualquier otro plan de inversión, es prudente tener una estrategia de inversión mientras se inicia en *ethereum*. Debe evaluar objetivamente su propio nivel de tolerancia al riesgo personal antes de realizar cualquier movimiento. Consultar con un asesor financiero puede ser una buena idea, ya que está familiarizado con los problemas relacionados con la volatilidad del mercado y las tendencias emergentes en la industria. Algunos de los puntos a considerar en el momento de la estrategia son:

• Practique comprar y retener: esta estrategia parece ser la tendencia en la red Ethereum. La fuerza impulsora detrás de esta estrategia es la firme creencia de que incluso si el *ethereum* reemplaza solo una fracción de cualquier moneda fiduciaria, tendrá un valor mucho mayor de lo que tiene en este momento. Además, es probable que suceda lo mismo si Ethereum se adopta ampliamente como la única criptomoneda para la "forma de pago por Internet" y permite que una amplia gama de dispositivos realice transacciones de valor eficientes entre sí.

Debido a la volatilidad del *ether*, se recomienda que considere el concepto de "promedio de coste en dólares". Intente realizar su inversión distribuyendo el coste total en un período de tiempo determinado para así comprar el *ether* a un precio promedio. Sea prudente y compre más cuando los precios sean bajos para compensar lo que compró o es probable que compre a precios altos. Después de comprar, asegúrese de almacenar su *ether* de forma segura. El almacenamiento de *ether* en carteras en línea, *exchanges*, carteras de computadora o aplicaciones móviles en línea no es seguro a largo plazo. Puede usar las siguientes opciones para el almacenamiento a largo plazo de *ether*:

o Carteras de papel *ether*: las carteras de papel no son vulnerables a la piratería en línea porque las almacenará en cualquier ubicación fuera de la red que sea segura y accesible solo para usted, como una caja de seguridad, etc. Una vez almacenada allí, cualquier falla en los dispositivos informáticos no será problema. Sin embargo, debe tener cuidado ya que su contraseña puede filtrarse a otras personas al crear su cartera de papel. Además, no debe perder su cartera de papel, ya que esto básicamente significa que su dinero se ha perdido por completo. Puede seguir los siguientes pasos para crearla:

- Busque una **impresora láser** "tonta". Como precaución de seguridad, su impresora tan solo debe tener conectividad USB y una capacidad de memoria muy pequeña. Recuerde, un pirata informático puede robar su contraseña interceptándola desde una transmisión WIFI o desde la memoria de la impresora. La impresora debe ser lo más simple posible. Además, no compre una impresora de inyección de tinta para que la tinta no se corra en entornos húmedos.

- Consiga **papel impermeable**, especialmente uno que sea particularmente adecuado para impresoras láser. Tal papel también es resistente a la rotura. No querrá perder sus fondos porque su cartera de papel se moje.

- Una vez que esté en línea, cree su primera cartera con un **generador de carteras**. Puede desconectarse una vez que obtenga su primera dirección. Antes de imprimir la cartera, asegúrese de haber generado una nueva dirección. Nuevamente, este es un paso delicado porque el sitio web puede transmitir la información de la cartera a un *hacker*.

- Imprima su cartera, asegurándose de que se genere una nueva cartera cada vez. Es posible que tenga que hacer varios intentos para descubrir cómo alinear correctamente el frente y la parte posterior. También es una buena idea guardar sus carteras en PDF y almacenarlas en una unidad flash cifrada. Sin embargo, siempre tenga en cuenta que tener muchas copias de seguridad aumenta las posibilidades de que alguien le robe su *ether*.

- Por último, oculte la clave privada doblando la cartera de papel. La clave privada es la contraseña que le permite gastar sus fondos de la cartera, por lo tanto, debe protegerla.

- Dependiendo de su nivel de sofisticación, puede obtener **sellos seguros** para saber si alguien ha estado mirando su clave privada o no.

Una vez haya transferido su moneda al papel, asegúrese de que el papel esté almacenado en un lugar seguro. Puede usar su aplicación de cartera móvil o cartera en línea cuando quiera obtener sus fondos del papel a su banco o al *exchange* que elija.

o Carteras *hardware*: Trezor es una de las carteras de *hardware* que puede utilizar. Esta no puede ser *hackeada*, ya sea en línea o sin conexión. Le brinda la oportunidad de hacer una copia de seguridad de su cartera y restaurarla cada vez que pierda su dispositivo. Es fácil de usar, muy duradera, resistente al agua y puede almacenar simultáneamente múltiples criptomonedas. Pero debe tener cuidado: asegúrese de que nadie reciba su tarjeta de recuperación porque su PIN podría ser restablecido. Además, es probable que Trezor sufra todas las vulnerabilidades de cualquier otro dispositivo electrónico y al almacenar todo su *ether* en un lugar le facilita a cualquier persona que tenga su PIN el robo.

Una combinación de cartera de hardware y cartera de papel es la mejor manera de lograr una combinación perfecta para retener y comprar. Pero puede elegir la opción que funcione mejor para usted.

- Compra y diversificación: como principiante, puede encontrar esta estrategia muy ajustable ya que no puede predecir el futuro del *ethereum*. A pesar de que no es probable que desaparezca pronto, una criptomoneda poco conocida podría volverse dominante en un corto período de tiempo y costarle mucho. Por lo tanto, puede considerar comprar *ethereum* e intercambiar por otros criptovalores como Ethereum Classic (ETC) y Ripple (XRP) para ayudarlo a protegerse contra cualquier falla imprevista en el rendimiento de cualquier moneda, especialmente si su inversión es de más de 400 dólares. Recuerde que *ethereum* ha superado a *bitcoin*, probablemente debido a su característica de contratos inteligentes, por lo que otra innovación también podría surgir y superar a *ethereum*. El punto importante a considerar es que, si bien una moneda puede fallar, la visión de futuro es que los criptovalores de algún tipo pueden volverse omnipresentes. Al diversificar su inversión, podría adoptar un plan como:

  o Invertir el 10% en apuestas de juego: esto puede incluir *tokens* de alto riesgo.

  o Invertir el 30% en una participación que es de riesgo, pero atractiva: deben ser monedas que usted prevea que pueden experimentar algún crecimiento en el futuro cercano. Invertir en *tokens* que tienen un capital de mercado de menos de 300 millones de dólares puede ser una buena idea.

o Invertir el 60% en un negocio seguro: su inversión segura debe ser el *ethereum*, obviamente. Puede ver al *ether* como seguro porque potencialmente representa una estabilidad moderada y una clara tendencia ascendente.

Con la diversificación, asegúrese de mantenerse actualizado sobre las tendencias del mercado. Puede descubrir que una inversión que fue buena hace un mes podría no ser tan atractiva en este momento. Por lo tanto, manténgase informado para reaccionar lo más rápidamente posible. Puede suscribirse a boletines semanales fiables donde se lleve a cabo un análisis de mercado en tiempo real. Usted puede registrarse para uno **aquí**.

- Comercio de *ethereum*: esta empresa no es para los débiles de corazón, ya que implica un riesgo agravante en un activo que ya es volátil. Pero recuerde, las empresas arriesgadas son las que están cargadas con enormes ganancias. Si siente que tiene suficiente fuerza para soportar el impacto, entonces trate de intercambiar criptomonedas en varios *exchanges*, como GDAX y Poloniex. Solo asegúrese de que su *exchange* le brinde la posibilidad de establecer diferentes órdenes pendientes, así como detener pérdidas. Si su *exchange* no le brinda esas opciones, entonces debe configurar alertas para permitirle estar al tanto de los movimientos del mercado y realizar operaciones de forma manual. El **plan pro** es el único *exchange* que proporciona alertas.

Utilice TradingView para configurar alertas, y se recomienda que se convierta en un operador activo para beneficiarse más.

Primero busque el par de divisas de ETHUSD en el cuadro de búsqueda antes de agregarlo a su lista de seguimiento y hacer clic en él para que aparezca el chat. Luego, haga clic con el botón derecho en el gráfico donde se agregará una alerta. Por ejemplo, suponga que desea agregar una alerta cercana al máximo más reciente, digamos cerca de 400 dólares, ya que está interesado en venta larga. Puede incluir otra alerta para informarle siempre de que haya precios bajos y pueda ser el momento adecuado para comprar.

Invertir en *ethereum* requiere que tenga una cartera digital. Tenga en cuenta que el comercio de *ethereum* no está disponible en las principales plataformas de valores. Y, a medida que invierte, recuerde siempre que el *ether* (ETH) es una moneda. En otras palabras, con *ether*, usted no compra acciones como ETF o cualquier otra acción. De hecho, su inversión significa que simplemente está cambiando sus fondos en moneda fiduciaria, digamos dólares estadounidenses, por *tokens* de *ether*; su inversión no atraerá dividendos ni pagos. Sin embargo, su principal motivación es el hecho de que, en el futuro, otras personas en Internet comprarán sus *tokens ether* a un precio más alto que el que los compró.

La cartera de *ethereum*

Por lo tanto, antes de comprar *ether*, debe familiarizarse con el *software* de la cartera y las transacciones en línea en general. Esto se debe a que la mayoría de los criptovalores tienen reglas y procedimientos operacionales estrictos que a veces pueden llegar a ser extremadamente inflexibles. Si realiza tan solo un pequeño movimiento en falso al recibir o enviar una transacción, es probable que pierda el valor de la transacción por completo o incluso su valor crediticio en toda la red. Ocurre lo mismo con *ethereum*.

Además, al igual que cualquier otra cartera ordinaria, su cartera de *ethereum* también puede ser "robada". Su cartera de *ethereum* corre el riesgo de ser pirateada si la deja almacenada en un dispositivo que está conectado a Internet la mayor parte del tiempo. Recuerde, no puede recuperar una cartera robada. Ningún tribunal puede ayudarlo a recuperarla, y revertir cualquier transacción accidental no es posible. Por lo tanto, intente comprender un poco la tecnología detrás de la cartera *ethereum* y siempre tenga cuidado cuando realice sus transacciones.

Esa pieza de *software* que almacena o mantiene sus fondos *ether* y otros *tokens* basados en *ethereum* es lo que se llama una cartera *ethereum*. Las carteras *ethereum* se producen en forma de carteras de hardware / papel, una aplicación móvil / web, una aplicación de escritorio o cualquier otro *exchange* en línea. Puede descargar la cartera *ethereum* autorizada de **Ethereum.org**. Una vez que abra este sitio web, especialmente como nuevo usuario, se recomienda que descargue la opción cliente ligero y no el nodo completo. Con un nodo completo, también se le pedirá que descargue la cadena de bloques Ethereum completa, que es muy pesada, para usarla como cartera. Esto es bastante tedioso. Sin embargo, con un cliente ligero no tiene que preocuparse por obtener la cadena de bloques completa para que funcione.

A veces, el sitio web de Ethereum puede ser un poco difícil de navegar. Como tal, se han creado otros sitios web para permitir a los inversores interactuar con el sitio web principal de Ethereum. Usaremos uno de estos sitios web, **myetherwallet.com**, para crear una cartera *ethereum*. MyEtherWallet es una página web estática para intentar minimizar los riesgos de seguridad. Pero debe descargar el sitio web para minimizar el riesgo de acceder a una página incorrecta. Al descargar el sitio web, también podrá utilizar MyEtherWallet incluso cuando no esté conectado a Internet. Los siguientes pasos pueden ayudarle a comenzar:

- Descargue la última versión del **sitio web** MyEtherWallet. Es un archivo zip, pero asegúrese de que sea el "etherwallet-v..." y no la extensión de Chrome. Al descomprimir el archivo, aparecerá una lista de archivos del sitio web.

- Inicie MyEtherWallet haciendo doble clic en "index.html".

- Ahora, está listo para crear su cartera *ethereum* protegida por contraseña. Nadie podrá duplicar accidentalmente esta contraseña (de hecho, la cantidad de carteras de *ethereum* es mayor que la de átomos en el universo). En este punto, apague su conexión a Internet antes de continuar. Para mejorar su seguridad en línea, puede usar un ordenador que rara vez o nunca esté conectado a Internet. Tales computadoras son comúnmente llamadas como una computadora de "espacio vacío". Esta es una buena medida de precaución, ya que lo ayudará a minimizar el riesgo de que alguien haya pirateado su ordenador y continúe monitoreando de forma remota sus actividades en línea.

- Cree su nueva cartera. Piense en una contraseña segura que no pueda olvidar y escríbala en el cuadro. Luego haga clic en "Crear nueva cartera".

- Luego se le pedirá que haga clic en "Descargar archivo de almacén de claves". Este proceso le ayuda a guardar su cartera.

Consiga una memoria USB encriptada y guárdela allí. Su dispositivo USB no debe quedarse en su computadora con el fin de evitar cualquier riesgo de robo. El archivo generado llevará un nombre como "UTC - 2017–08–11T15–29–26.452Z - 45...". Haga clic en "Entiendo. Continuar" para continuar con el proceso. Una vez que se abra la página siguiente, verá un texto sin formato que contiene su "clave privada". Esta es simplemente una versión en texto sin formato del archivo de almacén de claves que descargó y no tiene que guardarlo puesto que ya lo tiene. Su "clave privada" no está protegida con contraseña.

- Opcionalmente, puede imprimir una "cartera de papel", que es básicamente una versión en papel del archivo de almacén de claves que ya ha guardado. Esto es para protegerlo en caso de que olvide su contraseña o pierda su archivo de almacén de claves. Una vez que lo imprima, guárdelo de manera segura porque si alguien accede a la cartera de papel, definitivamente perderá su *ethereum*.

- Ahora haga clic en "Ver mi dirección".

- Luego, puede continuar para confirmar su saldo después de desbloquear su cartera.

Simplemente haga clic en la pestaña "Ver información de cartera", seguida de "Seleccionar archivo de cartera". ¿Recuerda el archivo de almacenamiento de claves "UTC - 2017–08–11 ..." que había guardado anteriormente? Puede hacer clic en "Desbloquear" después de escribir su contraseña del almacén de claves.

Después de desbloquear, debería poder mostrar opcionalmente la clave privada, los vínculos del historial de transacciones, su saldo de *ether*, su dirección pública, como

"0x45cABda7D6A2051dc7e20Cfc6d0bd4878f7D3736", e incluso imprimir su cartera de papel. **No comparta su clave privada.** Sin embargo, deberá compartir su dirección de cuenta para poder recibir *ether*.

- Su balance de *tokens* también es visible en el lateral. Estos generalmente aparecerán como *tokens* ERC20 y representan BAT y AIR que también puede almacenar en su cartera *ethereum*.

Puede hacer clic en "Mostrar todos los *tokens*" para revelar sus balances en cada *token*. ¡Ahora puede comenzar a comerciar!

- Comience por recibir *ether*. ¡Nada especial es necesario aquí! Solo necesita compartir la dirección pública de su cartera Ethereum ("0x45cABda7D6A2051dc7e20Cfc6d0bd4878f7D3736") con la persona de la que desea recibir el *ether*. Puede hacer clic en "Ver información de cartera" para verificar su saldo de *ether*.

También puede recibir *ether* comprándolo de su *exchange*. Después de comprar *ethereum*, la función de retiro normalmente solicita la dirección de su cartera. Luego puede ingresar su dirección, así como la cantidad de *ether* que le gustaría retirar a su cartera. Después de la confirmación del sistema, se le mostrará un *hash* de transacción. Verá su *ether* en su cartera como "pendiente" de inmediato, y puede usar **Etherscan.io** para seguir su número de verificaciones.

Hay muchas formas de comprar *ethereum*. Las exploraremos más tarde.

- También puede enviar *ether*. Puede enviar *ether* tanto si está conectado como si no. Pero es más seguro usar su cartera fuera de línea porque puede reducir la probabilidad de que *hackers* le roben su cartera. Para enviar *ether* mientras aún está en línea, simplemente desbloquee su cartera después de hacer clic en la pestaña "Enviar *ether* y *tokens*".

- Después de desbloquear, aparecerá una página que muestra la cantidad "A la dirección" y el límite de *gas*. Y en caso de que su billetera contenga otros *tokens* ERC20, simplemente haga clic en la flecha hacia abajo de ETH para cambiar a la moneda de su elección. El "límite de *gas*" se refiere a la comisión máxima que la red le cobrará para ejecutar su transacción. Recuerde que los nodos individuales, que representan a personas de diferentes partes del mundo que participan voluntariamente en el molesto trabajo de procesamiento de la red, impulsan la red Ethereum. Por lo tanto, les paga una tarifa para que puedan procesar su transacción. Deje el valor predeterminado de 21000, que equivale de 5 a 30 centavos de dólar como tarifa de transacción. Normalmente, el sistema establece automáticamente el límite de *gas*; sin embargo, siempre verifique dos veces el coste, porque es probable que se produzcan errores de cálculo. Tampoco es necesario especificar la "dirección de origen", ya que esta dirección se seleccionará automáticamente en función del saldo que contenga cada dirección.

Se creará un *hash* de transacción y se le mostrará en su pantalla, una vez que envíe su transacción de *ether*. Al colocar este *hash* de transacción en un explorador de bloques, también puede acceder a los mismos detalles, como los que se muestran en su pantalla, de su nueva transacción.

Aun así, su cartera *ethereum* creará automáticamente una cantidad de direcciones de recepción. Estas direcciones de recepción también se conocen como claves públicas y normalmente son una función de su clave privada. De nuevo, tiene la libertad de compartir direcciones de recepción sin riesgo de robo, a diferencia de su clave privada, y cualquier pago a estas direcciones de recepción también agregará *ether* a su cartera.

- Enviar una transacción sin conexión es más o menos lo mismo. Solo que no podrá ejecutar la transacción hasta que esté en línea. Al enviar una transacción sin conexión, puede eliminar de forma segura su almacén de claves del ordenador (simplemente desconectando su USB) y evitando que se conecte a Internet.

- Mientras se encuentra en la pestaña "Enviar sin conexión", copie la dirección de su cartera *ethereum* en el campo "Desde dirección", antes de hacer clic en "Generar información".

- Luego, ingrese la dirección *ethereum* a la que desea enviar los *tokens* de *ether*, antes de ingresar el tipo y el valor. Puede dejar que los valores de límite de *gas* y precio del *gas* se mantengan en los valores predeterminados.

- Ahora, seleccione su archivo de almacén de claves e ingrese su contraseña para desbloquearlo. Continúe haciendo clic en "Generar transacción".

- Finalmente, copie el texto "Transacción firmada" y transfiera esta transacción a un ordenador diferente para completarla. O, simplemente, puede seguir utilizando el mismo ordenador conectándolo a Internet, pero debe extraer su almacén de claves (que es su cartera real) antes de comenzar a ejecutar la transacción. Esta es una medida de seguridad que debe tomar para asegurarse de que su cartera no esté conectada a Internet.

Y ahora que ya tiene su cartera, puede avanzar y comprar *ethereum*.

Comprar *ethereum*

Dado que el *ethereum* es relativamente joven, no es probable que se encuentre con muchos proveedores que lo vendan. Como resultado, comprar *ethereum* puede no ser fácil, especialmente para un principiante. En primer lugar, echemos un vistazo a algunos de los proveedores y *exchanges* desde donde puede comprar *ether*.

- Coinbase: se considera que es la forma más barata y práctica de comprar y vender *ethereum* y puede comprarlo con su tarjeta de crédito o débito. Coinbase vende *ether* a una tarifa de entre 1.49% y 3.99%, dependiendo de su método de pago preferido. También permite comprar *ether* utilizando su cuenta bancaria, especialmente si vive en el Reino Unido, Estados Unidos, Singapur o Canadá. En los EE. UU., comprar con una cuenta bancaria tardará al menos 7 días porque el sistema bancario ACH tarda un poco en procesar las transacciones. Pero el proceso lleva menos de 2 días en Canadá, el Reino Unido y Europa, especialmente si está utilizando la transferencia SEPA para depositar en su cuenta. Coinbase lo lleva a través de un proceso de verificación y si realiza compras superiores a cien dólares, recibirá automáticamente un bono de diez dólares. Se requiere un depósito mínimo de un dólar Coinbase. Tenga en cuenta que Coinbase también presume de ser el único sitio regulado de los EE. UU. que tiene seguro sobre fondos, de hasta 250.000 dólares y un historial verificado.

- CEX.IO: este es un sitio de minería en la nube que se estableció en 2013. Actualmente, funciona como una criptomoneda y se especializa en *tokens ether* y *bitcoin*. Puede usar tarjetas de pago, como tarjetas de crédito virtuales como Payoneer y NetSpend, y transferencias bancarias para comprar *ether* de CEX.IO. Los depósitos de criptomoneda no generan cargos, mientras que se cobra un cargo de diez dólares o 3.5% + 0,25 USD en transferencias bancarias y tarjetas de crédito, respectivamente. Además, tenga en cuenta que deberá pagar un 0.2% por las transacciones posteriores. La buena noticia es que CEX.IO se encuentra en todo el mundo.

- Coinmama: este es un sitio web fácil de usar que se especializa en la venta de *ether* y *bitcoins*. Puede comprar *ether* en este sitio web mediante transferencias de dinero de Western Union y tarjetas de crédito.

- BitPanda: esta es la plataforma más completamente automatizada para la compra de *ether* y *bitcoins*. BitPanda admite los métodos de pago más prácticos, como PayPal, transferencia bancaria y tarjetas. Necesitará un depósito mínimo de 25 dólares y esta plataforma le resultará muy fácil de manejar como principiante.

- EXMO: también es otro *exchange* de confianza de criptomoneda en línea desde donde puede comprar *ethereum* utilizando una gran variedad de sistemas de pago como *bitcoins*, transferencias bancarias y tarjetas de crédito.

- Alfacashier: puede usar esto si está ansioso por probar un *exchange* eficaz en línea que ofrezca múltiples direcciones de intercambio. Permite transferencias de Perfect Money, *bitcoin* y SWIFT / SEPA.

- Localethereum: si está interesado en realizar transacciones en mercados anónimos, esta plataforma es la mejor para usted. Localethereum facilita la compra y venta de *ether* mediante contratos inteligentes. Se lanzó el 20 de octubre de 2017 y puede permitirle comprar *ethereum* desde cualquier lugar del mundo. Acepta pagos en efectivo, PayPal, transferencia bancaria e incluso criptomoneda. Sin embargo, necesita un depósito mínimo de un dólar y puede que le resulte un poco tedioso de navegar como principiante.

Otros *exchanges* son: Gemini, Bitfinex, Kraken, GDAX, eToro, Poloniex y BTC-e. El método de pago que utilice para comprar *ethereum* dependerá de sus objetivos e incluso de su conveniencia. Por ejemplo, si está interesado en utilizar un método que ofrezca tarifas bajas, entonces debería usar transferencia bancaria. Sin embargo, tendrá que esperar más tiempo antes de que se pueda completar su transacción. Pero si le importa su privacidad, primero debe considerar comprar *bitcoins* en privado antes de acercarse a su *exchange* para comprar *ether*. Y si tiene prisa, una tarjeta de crédito será la opción más adecuada para usted.

En general, puede ver que el proceso de compra de *ethereum* varía de un *exchange* a otro, sin embargo, es simple y se caracteriza por ciertos pasos básicos que son:

- Registrarse en el *exchange* de elección: se le solicitará que envíe algunos de sus datos personales. Se realizarán verificaciones de identidad, especialmente cuando haga un depósito o realice transacciones de retiro.

- Completar la identidad o conocer los cheques de sus clientes (KYC): su *exchange* siempre llevará a cabo comprobaciones de KYC y contra el lavado de dinero (AML) antes o después del depósito o antes de realizar cualquier retiro. Por lo tanto, se le pedirá que verifique su cuenta de varias maneras. Por ejemplo, es posible que tenga que proporcionar un comprobante de domicilio, así como una identificación con foto. Además, su cuenta tendrá que pasar una inspección reglamentaria antes de continuar con sus transacciones. El proceso de verificación normalmente dura entre 1 y 2 días, dependiendo de cuán ocupado y popular sea su *exchange*.

- Elegir un método de depósito: los diferentes *exchanges* tienen diferentes métodos bancarios. Puede encontrar una combinación de PayPal o pagos con tarjeta de crédito / débito, SEPA o transferencias bancarias y diferentes métodos conllevan diferentes cargos. Puede encontrar detalles de los cargos en el pie de página del sitio web del *exchange*, antes de realizar cualquier depósito.

- Hacer un depósito: esto se puede hacer usando su moneda fiduciaria, como euros, dólares estadounidenses, etc. El tiempo necesario para que los depósitos se reflejen en su cuenta del *exchange* puede variar desde unas pocas horas hasta varios días, dependiendo del método de depósito y del *exchange*.

- Finalmente, puede comenzar a comprar *ether* utilizando los fondos que ha depositado: los distintos *exchanges* tienen interfaces que funcionan de manera diferente, pero tendrá que pasar por los procedimientos de verificación y luego esperar por un tiempo para permitir que el sistema procese su transacción. El tiempo de procesamiento varía según el número total de transacciones solicitadas a la vez. Le resultará fácil realizar este paso en **Coinbase** porque es más fácil de usar que otras plataformas. ¡Buena suerte!

A veces, la compra de *ethereum* puede parecer un proceso largo, ya que el sistema bancario tradicional es muy lento. Los pagos bancarios y de tarjetas de crédito requieren procesos de verificación laboriosos y la mayoría de los *exchanges* siempre tendrán que esperar la liquidación de pagos antes de transferirle el *ether*. Sin embargo, recuerde que estas son transacciones en línea y puede arriesgarse a perder su inversión. Por lo tanto, las siguientes actividades deberían formar parte de su debido procedimiento de seguridad.

- Siempre copie y pegue la dirección de su cartera: evite escribir la dirección de la cartera a mano. Recuerde, una dirección de billetera es larga y distingue entre mayúsculas y minúsculas, lo que significa que perderá sus fondos para siempre si comete un solo error. Esto se debe a que Ethereum no tiene un número de devolución de cargo o de atención al cliente al que pueda llamar instantáneamente para obtener ayuda.

- Compruebe la comisión de transacción: normalmente, el sistema le mostrará la comisión calculada en su moneda fiduciaria local, por ejemplo, en dólares y centavos. No se apure. Tómese el tiempo y confirme si la comisión de transacción es razonable o no.

- Confirme la dirección al menos 3 veces: después de copiar y pegar la dirección a la que desea recibir o enviar *ether*, compruebe que sea correcta comprobándola una y otra vez. La forma más sencilla de hacerlo es examinar los primeros y últimos dígitos o letras para asegurarse de que estén pegados correctamente. Este es un paso importante, a pesar de que un buen *software* de cartera *ethereum* también debería confirmar la dirección a la que desea enviar o recibir *ether*.

- Transacción de prueba: al comenzar, intente enviar una cantidad insignificante de *ether* para confirmar que todos los detalles son correctos y también probar su comprensión general del proceso. Al hacerlo, ganará confianza y realizará transacciones que involucren el envío de grandes cantidades sin problemas. No tiene que preocuparse por el coste, ya que la adopción de *ethereum* se basa en comisiones de transacción bajas.

- También, como se indicó anteriormente, aprenda cómo asegurar su cartera *ethereum*. Puede guardar su *ether* en su cartera o dejarlo en el *exchange*. Sin embargo, esto lo expone a un mayor nivel de riesgo, ya que usted no puede auditar y garantizar la seguridad de su *exchange*. Puede haber casos de robo digital o fallo de la plataforma. Por lo tanto, no debe confiar en esta opción.

Si los fondos que está almacenando son relativamente pequeños en comparación con su cartera general, entonces puede asegurar su *ether* en su *exchange*. Sin embargo, tal elección implica que usted no será propietario de su clave privada y que el *exchange* asumirá la responsabilidad de su *ether*. Dado que los *exchanges* no funcionan como lo hacen los bancos, es decir, las regulaciones financieras tradicionales no son aplicables a los *exchanges*, cualquier robo o insolvencia significará que automáticamente perderá sus fondos.

Dependiendo del método que utilice para asegurar su *ether*, a continuación, hay algunos consejos que puede adoptar:

- Autenticación de 2 factores (2FA): este es otro proceso de seguridad en el que se le pedirá que ingrese una contraseña de un solo uso (OTP) antes de que pueda iniciar sesión en su cartera o realizar cualquier transacción. La mayoría de las carteras *ethereum* se basan en la aplicación Google

Authenticator para 2FA. Además, diferentes *exchanges* y carteras implementan 2FA de diferentes maneras; a pesar de que la característica de seguridad adicional proporcionada sigue siendo la misma. Con un 2FA, un ladrón potencial debe tener su contraseña y obtener acceso al dispositivo físico desde el cual generar la OTP. El uso de una aplicación 2FA, como Google Authenticator, ha tenido buenas calificaciones entre muchos usuarios de Internet.

Sin embargo, algunas carteras o *exchanges* pueden optar por evitar el uso de una aplicación y simplemente enviar una OTP en forma de SMS. Evite SMS 2FA, ya que la OTP se puede ver fácilmente incluso si el teléfono permanece desbloqueado. Y el peor de los casos es que mediante ingeniería social, personal de telecomunicaciones ha sido convencido de transferir un número de teléfono a una nueva SIM cualquiera. Esto significa que solamente el número de teléfono puede ser suficiente para acceder a cualquier plataforma que esté protegida por SMS 2FA.

- Uso de carteras de múltiples firmas: tales carteras potencialmente protegen su *ethereum* al garantizar que múltiples participantes tengan que firmar todas y cada una de las transacciones que realice. Una cartera de firma múltiple típica se califica como "2 de 3", lo que significa que al menos 2 de las 3 claves privadas totales deben firmar la transacción para permitir la transmisión exitosa a la red Ethereum. En tal caso, puede considerar dividir las 3 claves privadas en diversas ubicaciones físicas, así como su propia seguridad física, para asegurarse de que no ocurra ni un solo punto de ataque. En general, las diferentes carteras implementan múltiples firmas de diferentes maneras. Así que siempre averigüe qué opciones poseen e intégrelas en sus estrategias de seguridad.

Con capas de seguridad adicionales, es importante evaluar su nivel de tolerancia al riesgo antes de decidirse por su opción de seguridad preferida. Tenga en cuenta que las prácticas de seguridad de cifrado continúan evolucionando cada día, por lo que es una buena idea consultar su cartera o *exchange* y obtener sus recomendaciones para evitar cualquier inconveniente de seguridad que pueda afectar sus nuevas medidas de inversión.

Con el tiempo, es posible que descubra que ya no está interesado en comprar *ethereum*, pero que le gustaría especular sobre su precio. En tales casos, puede probar el *day trading* y descubrir creativamente cómo maximizar sus ganancias.

Day Trading de *ethereum*

Aparte de comprar y vender *tokens* ether, otra forma de comercio es a través del comercio de CFD. CFD, comúnmente conocido como contrato por diferencia, es un término del mercado de valores que implica acuerdos realizados en un contrato de futuros que permite que se realicen diferencias en la liquidación mediante el pago de efectivo, en lugar de la entrega de valores físicos y / o bienes / servicios. Los futuros en este caso se refieren a un tipo único de activo de inversión que puede utilizar para invertir en diversos productos. Se sabe que los futuros determinan los precios globales de los productos básicos esenciales, como el petróleo, al tiempo que respaldan los mercados complejos, como los mercados destinados a los productos agrícolas.

Al comprar un futuro de *ethereum*, significa que esencialmente está firmando un contrato que le permitirá comprar algo en una fecha determinada en el futuro y a un precio específico. Por ejemplo, supongamos que elige comprar un futuro de *ethereum* por un valor de 1.000 *tokens* de *ethereum*. Básicamente está comprando un contrato que posibilita el cobro de 1.000 *token* de *ethereum*, cuando vence el contrato. Con experiencia, incluso venderá su contrato de futuros antes de su vencimiento y de que le envíen los *tokens*.

Por otro lado, puede optar por evitar obtener el producto, por ejemplo, *ethereum*, entregado físicamente mediante la compra de un contrato por la diferencia. En este caso, llegará a un acuerdo con su vendedor sobre cómo se realizarán los pagos en efectivo por cualquier diferencia en la subida y bajada de los precios sin la entrega de los bienes físicos. Por lo tanto, el comercio de CFD le permitirá asumir riesgos con los precios al alza o a la baja de los mercados o instrumentos financieros internacionales de rápido movimiento, tales como tesorerías, divisas, materias primas, índices y acciones.

Con el comercio CFD *ethereum*, aún puede aprovechar los beneficios y riesgos de operar con *tokens* de *ethereum*, sin comprar ni vender los *tokens* físicos. Todo lo que necesita hacer es comprar un contrato que le dé derecho al valor en *ethereums* que habría comprado, y esencialmente terminará comprando y vendiendo *tokens* de *ethereum* aunque en realidad no tenga la criptomoneda en su posesión.

Por ejemplo, quizás esté bastante seguro de que el precio de *ethereum* está destinado a aumentar en unos pocos días y opta por invertir en este. Entonces, puede comprar el contrato por la diferencia que usted y el vendedor del contrato acuerden para liquidar cualquier caída o aumento de los precios en efectivo cuando finalice el contrato (preferiblemente, se denomina la fecha del contrato). En términos simples, puede firmar un CFD con una empresa como **Plus500** para *ether* al valor de hoy, y establecer el contrato para que finalice a las 10 p.m. (por el hecho de que las operaciones con *ethereum* de Plus500 deben finalizar a las 10 p.m.). Por lo tanto, el valor a negociar se establecerá con el precio actual de *ethereum*.

Mientras tanto, tendrá que establecer un tiempo definido para su contrato, digamos las próximas horas, que defina el punto en el que al comprador (usted) o al vendedor se le pagará cualquier diferencia que ocurra en los precios. Al final del día, si su intuición acerca de la variación en los precios del *ethereum* resulta correcta y los precios varían dentro de ese plazo, la empresa, en este caso Plus500, le pagará la diferencia. Sin embargo, si su intuición termina siendo incorrecta y los precios no van como lo había imaginado, entonces se verá obligado a pagar la diferencia a la empresa.

Esta forma de negocio puede compararse con "apostar" al valor del *token ethereum*, ya que tanto el vendedor como el comprador apuestan si los precios de *ethereum* aumentarán o disminuirán, aunque todo el proceso es más complejo de lo que parece. Es importante tener en cuenta que las operaciones CFD con *ethereum* ponen en riesgo su capital. Por lo tanto, necesita algo de experiencia previa en el comercio con *ethereum*, especialmente en términos de comprender la volatilidad del mercado, para poder ganar a lo grande con esta forma de negocio.

El comercio de CFD tiene beneficios tales como:

- No es necesario que tenga *tokens* de *ethereum* reales: esto significa que no ha de perder el tiempo intentando obtener los *tokens* de *ethereum* que habría comprado. Además, eventualmente elimina el riesgo de perder sus *tokens* de *ethereum*.

- Puede beneficiarse de la liquidez que proporcionan otras instituciones de *trading*: con el comercio de CFD, las personas no tienen que comerciar entre ellos en el marco de un *exchange* determinado. Sin embargo, en una plataforma de CFD, se le garantizará acceso total a la liquidez por parte de los socios institucionales y esto hace que las transacciones de *ethereum* sean tan instantáneas como le gustaría que fueran.

- Impuestos más bajos: a veces, dependiendo de su jurisdicción, puede incurrir en tasas de impuestos más bajas en las ganancias obtenidas de las operaciones CFD con *ethereum* que cuando acaba de comprar y vender *ethereum* directamente.

- Venta corta: aunque algunos *exchanges* pueden permitirle operar a venta corta, es mucho más fácil establecer una estrategia de venta corta cuando realiza operaciones CFD con *ethereum*.

Si bien el comercio CFD con *ethereum* le otorgará cierto nivel de conveniencia y flexibilidad, no se lleva a cabo sin ciertos inconvenientes. Algunos de estos inconvenientes son:

- Márgenes: a medida que comience a comerciar con *ethereum* a largo o corto plazo, es probable que sufra algunas pérdidas con el margen o diferencial. Básicamente, se refiere a la diferencia entre el precio al que usted compra (comúnmente conocido como precio de venta) y el precio al que vende (comúnmente denominado precio de oferta). La pérdida puede variar desde tan poco como un 0.5% hasta tanto como un 5% de la cantidad total negociada. En ocasiones, es posible que se le cobre una comisión por encima del margen, lo que a su vez afecta considerablemente sus ganancias.

- Comisiones: la mayoría de las plataformas de negociación de CFD *ethereum* normalmente tienen una comisión determinada en las operaciones que pueden haberse dejado abiertas durante la noche. Esto puede ser muy costoso, especialmente si sus operaciones se renuevan cada día. Por lo tanto, si usted se dedica al *day trading* a corto plazo, siempre solicite incentivos de opción de compra de acciones a su plataforma de negociación CFD *ethereum* para estar cubierto contra el mayor riesgo.

Otras formas de comercio de *ethereum* incluyen:

- Comercio binario: esta es otra forma de comercio de *ethereum*, aunque implica un alto nivel de riesgo. No se recomienda para principiantes porque implica una predicción de precios que se realiza en un período de tiempo muy corto, que suele ocurrir cada pocos minutos. Como tal, el comercio binario depende en gran medida de la suerte y ganar en él puede llegar a ser extremadamente difícil a largo plazo. Por lo tanto, el comercio binario de *ethereum* se considera una forma de juego y se utiliza principalmente con fines de entretenimiento, como cuando las personas disfrutan del giro de la ruleta por diversión. El comercio binario no es la mejor manera si desea dedicarse al comercio serio de *ethereum*. Sin embargo, si desea probarlo, puede implementar las siguientes estrategias independientes de la plataforma para ayudarlo a reducir los riesgos de pérdidas fijas:

  o Sistema martingala: esta es una de las estrategias más antiguas que ha crecido en popularidad entre los inversores en criptomoneda. Para implementar esta estrategia, necesita establecer una participación y posición iniciales. Si su opción binaria resulta exitosa, entonces tiene que continuar con la misma apuesta. Sin embargo, si su opción binaria falla, entonces tiene que duplicar la apuesta para la siguiente. El factor de motivación y la idea principal detrás de esta estrategia radica en el hecho de que eventualmente elegirá la opción exitosa a medida que pase el tiempo. Por lo tanto, incluso si no tiene éxito en sus elecciones binarias pasadas, es probable que neutralice sus pérdidas al obtener ganancias significativas.

o Sistema *D'Alembert*: esta estrategia se basa en el concepto de sistema martingala, pero lo modifica sistemáticamente. Con el sistema *D'Alembert*, debe aumentar su inversión después de una pérdida, pero disminuirla después de una victoria. Por ejemplo, si 1 unidad es su apuesta inicial, entonces una pérdida significa que su próxima apuesta debe ser de 2 unidades. Si pierde de nuevo, deberá aumentar la apuesta posterior a 3 unidades, un proceso que continúa hasta que obtenga una ganancia. Pero, si gana, tendrá que disminuir la apuesta en una sola unidad. P.ej. Si comenzó con 4 unidades, la siguiente será de 3 unidades, y esto continuará hasta que alcance su meta.

Estas estrategias parecen ser muy excitantes, pero deben implementarse con mucha precaución. No querrá quedarse sin aliento cuando tenga que afrontar enormes pérdidas inesperadas. Pero si ha desarrollado una buena cobertura y puede soportar pérdidas abruptas, entonces estas estrategias pueden ayudarlo a generar ingresos estables y márgenes de ganancia espléndidos que pueden hacerle sonreír todo el tiempo. Como regla general, siempre evite arriesgar grandes sumas de *ether*.

- Comercio de margen *ethereum*: ¿Le gustaría comprar volúmenes más grandes de *ether* pero tiene un capital limitado? ¿Le gustaría aprovechar el capital de otras personas? Entonces puede optar por el comercio de margen *ethereum*. Como operador de margen, se le proporcionará acceso a los préstamos para que pueda comprar cualquier volumen de *ether* que desee. Normalmente, el margen inicial, que básicamente se refiere a la cantidad que puede pedir prestada, varía en tamaño y está determinada por la correduría. Al igual que muchos otros operadores, es probable que descubra que comprar *ethereum* en margen es extremadamente rentable. El comercio de márgenes de *ethereum* también tiene algunos riesgos, pero realizar bien los procesos de investigación de mercado lo ayudará a minimizarlos. Sin embargo, las cuentas de margen normalmente están limitadas por un "requisito de mantenimiento" para evitar que los agentes realicen préstamos excesivos. El requisito de mantenimiento solo estipula la cantidad mínima que debe tener en el patrimonio de su cuenta antes de que se le permita emprender un nuevo préstamo.

Por ejemplo, supongamos que deposita 5.000 dólares y decide pedir prestados 5.000 más para comprar *ether* por un valor de 10.000 dólares, y esto le indica a su agencia de corredores que establezca el requisito de mantenimiento en su cuenta de margen en un 25%. Luego, si el valor del *ether* que compró cae a 8.000 dólares, se le pedirá que tenga un valor no menor a 2.000 dólares (25% de 8.000). Por cierto, el valor total de su patrimonio será de 3.000 dólares (5.000 –

2.000). Sin embargo, supongamos que el precio del *ether* baja aún más, de modo que su valor de capital total caiga a menos de 3.000 dólares, entonces su agencia tendrá que emitir una "llamada de margen" y tomar su *ether* para devolver su cuenta a su requisito de mantenimiento.

La inversión en *ethereum* puede ser bastante complicada a veces. Sin embargo, el ajetreo vale la pena, considerando el hecho de que cualquier movimiento individual efectivo puede aumentar significativamente sus ganancias. Por lo tanto, siempre esté al tanto. Continúe operando en su *exchange* para seguir buscando oportunidades de inversión emergentes. Cuanto más tiempo dedique a su *exchange*, más posibles ofertas, cupones, promociones y oportunidades que podrían marcar una gran diferencia en su cartera de inversiones descubrirá.

A veces, su *exchange* puede no permitirle guardar fondos en su moneda fiduciaria local. Y si eso es posible, puede que tenga que realizar alguna maniobra para asegurar sus ganancias. El procedimiento normal es vender sus *tokens ether* y transferir el dinero a su cuenta antes de asegurar las ganancias. Esto significa que debe enviar el dinero al *exchange* para realizar compras posteriores de *ether*, una serie de pasos que pueden ser tediosos y consumir mucho tiempo. Sin embargo, al usar Tether, estos procesos pueden volverse más fáciles. Tether no es una criptomoneda. Se adjunta al dólar estadounidense, con un valor de Tether de aproximadamente un dólar.

Al cambiar su *ether* por USDT, puede asegurar fácilmente sus ganancias. De la misma manera, cuando quiera comprar *ether* nuevamente, simplemente cambie su USDT de nuevo en el *exchange*. Al hacerlo, minimizará los largos tiempos de espera, especialmente si es un operador regular.

Tal vez usted no está interesado en comprar o ganar *ethereum*. Esto no debería impedirle comerciar con este, ya que aún podría hacer uso de la minería *ethereum* y seguir aumentando la cantidad de sus *tokens*. Por lo tanto, en el próximo capítulo, vamos a explorar la minería de *ethereum*.

Capítulo 3: Minería de *ethereum*

Para empezar, la red de Ethereum se jacta de proporcionar una plataforma para desarrollar varias aplicaciones que pueden promover el desarrollo sostenible en todos los ámbitos de la vida ayudando a las organizaciones a maximizar beneficios.

Básicamente, la minería de *ethereum* es el proceso que hace que el *ether* esté disponible para los comerciantes, para que la red de Ethereum pueda continuar funcionando. Intentemos definir la minería de *ethereum*.

¿Qué es la minería de *ethereum*?

La minería simplemente se refiere a un trabajo intensivo de computación que utiliza mucho tiempo y energía. La minería da espacio para la participación de pares en una red de criptomoneda distribuida, sobre la base del consenso. El proceso de minería hace uso del hardware de la computadora, así como de las aplicaciones de minería, y resulta recompensando al minero por proporcionar soluciones a problemas matemáticos complejos.

Es importante tener en cuenta que todas las transacciones en Ethereum están integradas en bloques de datos separados, que son comparables a los lotes de transacciones que los bancos se envían entre sí, aunque los de Ethereum se producen en intervalos de 15 segundos. Además, los bloques se distinguen por su "altura", que comienza desde cero y aumenta secuencialmente hasta el bloque actual, y cada bloque tiene enlaces internos a varios otros bloques que resultan en una cadena de bloques. Una vez que se forman estos bloques, necesitan un análisis rápido para garantizar un buen funcionamiento de las transacciones en la plataforma.

Sin embargo, en la práctica, la mayoría de los emisores de *ether* pueden carecer de la capacidad de procesamiento para hacerlo solos. Por lo tanto, esto crea una oportunidad para los mineros. Como tal, un minero se refiere a cualquier inversor que dedique su energía, espacio de computadora y tiempo para examinar los bloques. Una vez que el proceso de minería alcanza el nivel correcto, los mineros envían las soluciones acumuladas al emisor para fines de verificación. Luego, el emisor de la criptomoneda premia a los mineros con monedas digitales a cambio de su trabajo, y además ofrece porciones de las transacciones verificadas como recompensas. Esto significa que la minería digital se basa en un sistema de prueba de trabajo. Algunas monedas se basan únicamente en este sistema, mientras que otras utilizan una combinación de prueba de trabajo y prueba de participación.

Tenga en cuenta que la palabra minería proviene de la semejanza al oro del ámbito de la criptomoneda. Esto significa que no funciona como una especie de esquema de enriquecimiento rápido, sino que exige grandes aportes en términos de tiempo, equipo y esfuerzo para crecer, especialmente cuando se trabaja solo. La palabra minería se utiliza ampliamente porque, como es raro encontrar materiales preciosos, también lo es el caso de las monedas digitales. Brevemente, la minería de *ethereum* se refiere al proceso de extracción de *ether* e implica asegurar la red para garantizar el cálculo verificado.

Recuerde, el buen funcionamiento de la red Ethereum se basa en el *ether*. En pocas palabras, el *ether* es en realidad el incentivo utilizado para alentar a los desarrolladores a crear aplicaciones de primera clase. Y como desarrollador que desea contratar y usar contratos inteligentes en la red Ethereum, debe tener *ether* para poder continuar. Por lo tanto, el *ether* actúa como el combustible para la red de Ethereum y la minería normalmente se considera como la forma más barata de realizar transacciones en la red de Ethereum en comparación con solo comprar *ether*.

Siempre tenga en cuenta que *ether* no es infinito. Esto se debe a que la cantidad total de *ether* y sus operaciones de red se establecieron durante la preventa de 2014, lo que significa que el número de *ether* emitido en un solo año no debe superar los 18 millones, que es esencialmente el 25% de la emisión inicial. Esta medida se tomó como sistema para controlar la inflación.

Para que un bloque se valide en consenso, se debe proporcionar prueba de trabajo para la dificultad específica. Esthash, un algoritmo de memoria que está destinado a contrarrestar el desarrollo de la minería de *ethereum*, es el algoritmo utilizado para la validación y funciona identificando el resultado de la entrada *nonce* (un número arbitrario que solo se puede usar una vez) de tal manera que cae por debajo del umbral que determina la dificultad. Si los resultados finales son idénticos en distribución, entonces el hecho de que la duración del tiempo necesario para encontrar un *nonce* se base en la dificultad es lo más seguro. Por lo tanto, un minero puede controlar el tiempo requerido para encontrar un nuevo bloque simplemente manipulando la dificultad. En la minería de *ethereum*, la dificultad se modifica dinámicamente para permitir que la red libere un solo bloque después de un intervalo de 12 segundos de promedio. Luego, el sistema realiza una sincronización tan rápida que resulta imposible volver a escribir el historial o crear un *fork*, a menos que la persona que intente hacerlo pueda controlar más de la mitad de la potencia minera de la red Ethereum.

En pocas palabras, el proceso de minería de *ethereum* implica:

- Un minero que toma nota de las transacciones en la red Ethereum y acumula todo lo que se considera válido (por ejemplo, código, tarifas, así como el historial contable de quién está a cargo de las monedas individuales) en varios bloques.

- Un minero que consume electricidad para generar el *hash* de ese bloque utilizando la potencia de procesamiento de la GPU. Con cada resultado de *hash* exitoso, se produce una prueba única de trabajo para probar que el minero trabajó en el bloque dado. Un *hash* se refiere a un procedimiento matemático que toma una cantidad variable de datos y conduce a la producción de una salida más corta y de longitud fija.

- Si la red de Ethereum acepta el bloque *hash* como válido, entonces el bloque se incorpora automáticamente a la cadena de bloques, como parte del consenso sobre las transacciones válidas.

- Finalmente, el minero obtiene 5 ETH además de todas las tarifas de procesamiento de códigos y transacciones (o *gas*) disponibles en su bloque, así como las posibles bonificaciones para cualquier tío (otras cadenas de bloques que no forman parte de la cadena de bloques padre inicial) que pueden haber estado involucradas.

El proceso de minería de *ethereum* puede parecer complejo y bastante amplio, pero esto no debería asustarle. Se han desarrollado muchas aplicaciones para hacerlo lo más simple posible. Antes de profundizar en los detalles de estas aplicaciones, exploremos algunas de las razones por las que puede preferir iniciarse con la minería de *ethereum*.

La importancia de la minería de *ethereum*

Usted se puede beneficiar de la minería de *ethereum* de las siguientes maneras:

- La minería de *ethereum* es la forma más segura de obtener voz y apoyar la red Ethereum, especialmente si está interesado en el concepto de Ethereum.

- Al minar *ethereum*, construirá una gran posición de ETH en esta fase de prueba de trabajo y ganará intereses en sus retenciones si / cuando el sistema Ethereum pase a una fase de prueba de participación.

- La minería le ofrece el boleto de entrada más barato al mercado de *ethereum*. Como tal, dada la volatilidad prevaleciente de los mercados de *ethereum* y como buen comerciante, simplemente puede maximizar sus ganancias.

- Dado que *ethereum* se intercambia fácilmente por *bitcoin*, usted puede construir su posición de retención de *bitcoin* de manera gradual y económica mediante la extracción de *ethereum*.

- Los *bitcoins* son fácilmente intercambiados por dinero en efectivo. Por lo tanto, a través de la minería de *ethereum*, indirectamente puede ganar dinero en efectivo o incluso llenar su cuenta bancaria. Puede vender directamente su *ether* en una serie de *exchanges* líderes (como Coinbase, Gemini, Kraken, BTC-e, Bitfinex, etc.) y ganar dinero.

- También puede financiar la compra de una nueva GPU de gama alta a través de la minería.

Entonces, ¿es una buena idea minar *ethereum*, en lugar de comprar *ether*? Ciertamente, en base a los beneficios anteriores, la minería de *ethereum* es una de las mejores maneras de aprender y evolucionar con la tecnología Ethereum. Puede realizar minería en la comodidad de su hogar, siempre y cuando tenga algún conocimiento de la línea de comandos y talento para la escritura de secuencias de comandos. Esta sección describe algunos pasos que pueden ayudarlo a comenzar con la minería de *ethereum*. Con la práctica persistente, se dará cuenta de que es bastante fácil, emocionante y tremendamente satisfactoria.

Pero antes de sumergirnos en la minería de *ethereum*, veamos algunos de los conceptos básicos a los que debe prestar atención adicional:

- Siempre tenga en cuenta que la minería de *ethereum* consume mucha electricidad. Esto significa que tiene que administrar sus prácticas de minería de una manera lo suficientemente eficiente como para generar más ingresos a través de la venta de *ether*. La buena noticia es que no hay necesidad de preocuparse porque eventualmente obtendrá algunas ganancias. Por lo tanto, use las calculadoras de minería para determinar sus ganancias y evitar pérdidas innecesarias. Exploraremos la calculadora de rentabilidad minera de *ethereum* más adelante.

  Para la fuente de alimentación, compruebe siempre que haya suficientes conexiones en la PSU para admitir todas las GPU instaladas. Su vataje general también debería ser suficiente para soportar el consumo total de energía del sistema; no se olvide de guardar un margen del 10-15%. Puede consultar **aquí** para obtener orientación sobre el número de conexiones de alimentación PCI-E de 6 u 8 pines que requiere su GPU.

También puede usar **esta** calculadora de consumo de energía para determinar el consumo total de energía de su sistema.

Además, si desea construir varios equipos, puede considerar comprar siempre la PSU de la misma marca para poder usar los cables adicionales en otros sistemas cuando lo considere oportuno. Por ejemplo, supongamos que decide utilizar solo las PSU EVGA G2 y termina teniendo cables molex, sata o VGA adicionales de una instalación, luego podrá utilizarlos en otra instalación.

Obtenga un botón de encendido de PC, que pueda conectar a los encabezados de la placa base para encender y apagar fácilmente su sistema.

- La minería de *ethereum* se puede realizar en cualquier ordenador personal, siempre que el sistema tenga una GPU (tarjeta gráfica) con una capacidad RAM de al menos 2 GB. No realice minería de *ethereum* en una unidad central de procesamiento (CPU) porque sería un ejercicio inútil. Si elige minar *ethereum* en una CPU, el trabajo tomará un período de tiempo prolongado para completar y sus ganancias serán muy pequeñas. Pero las GPU son 200 veces más rápidas que las CPU. Además, *ethereum* también está diseñado para funcionar bien en una técnica de *hashing* de memoria dura, con la que una GPU es buena. Siempre opte por las tarjetas AMD, ya que son más eficientes que las tarjetas Nvidia.

- Además, asegúrese de que el disco duro de su ordenador tenga mucho espacio libre. Tenga en cuenta que el *blockchain* y otro *software* requieren un espacio de memoria de hardware de aproximadamente 30 GB. Su portátil para juegos puede tener una tarjeta de gama alta. Pero, dada la alta cantidad de calor generado por la minería, su portátil puede dañarse como resultado. Por lo tanto, siempre utilice una instalación de escritorio. Además, evite utilizar entornos virtualizados alquilados porque pueden carecer de GPU suficiente o puede que no sean tan rentables. Su sistema también debe cumplir los siguientes requisitos mínimos:

o Debe tener una instalación de 64 bits del sistema operativo Windows 10. Esto se debe a que se puede configurar fácilmente en Windows y hacer que se ejecute lo más rápido posible.

Simplemente vaya a "Menú Inicio> Servicios" y establezca la configuración en automática para activar el servicio de hora de Windows porque este servicio puede estar deshabilitado de manera predeterminada, especialmente en Windows 10.

o La placa base debe tener suficientes ranuras PCI-E para soportar todas las tarjetas que está ejecutando.

o Cuando use más de 1 GPU, proporcione a cada GPU adicional un elevador PCI-E con alimentación.

o Compre una CPU simple de gama baja con RAM de al menos 4 GB. Su memoria RAM, CPU y placa base deben ser compatibles también. Es decir, la CPU de 1151 zócalos va con las placas base LGA 1151, mientras que las placas base LGA 1150 / DDR4 RAM toman una memoria RAM DDR3 y 1150 CPU.

o Son necesarios un monitor estándar, ratón y teclado. También es una buena idea, a un nivel avanzado, en el que administra su plataforma de forma remota, obtener un conector *dummy* HDMI sin cabeza que se conecte a su plataforma y habilite el arranque adecuado en Windows para el acceso remoto.

Finalmente, no use ASIC para la minería de *ethereum*, aunque los ASIC son rentables para la minería de otras monedas, como *litecoin*, *dash* y *bitcoin*.

Armado con los consejos anteriores, ahora es el momento de ponerse en marcha. ¡Es el momento de extraer *ethereum*!

El procedimiento de minería de *ethereum*

Puede realizar minería de *ethereum* siguiendo los pasos a continuación

1. Descargue la aplicación Geth, que actuará como un centro de comunicación, destinada a coordinar su configuración e informar los desarrollos emergentes que requerirán su atención, así como un enlace a la plataforma Ethereum. Esto significa que cada vez que un bloque es extraído por otra computadora, su aplicación Geth lo selecciona automáticamente y transmite la nueva información a su GPU para minería.

2. Geth es un archivo zip. Por lo tanto, descomprima y transfiéralo al disco duro. Puede moverlo a la unidad C, para que los pasos subsiguientes sean más fáciles de seguir. Copie el archivo que acaba de descargar y descomprimir, luego muévalo a la carpeta del disco duro.

3. Para ejecutar la aplicación instalada, debe ejecutar el símbolo del sistema o línea de comandos. Por lo tanto, mientras esté en la función de búsqueda de Windows, busque 'CMD' y haga clic sobre este en la lista de resultados de búsqueda.

4. El símbolo del sistema debería abrirse. Puede parecer aterrador, especialmente si es nuevo en esto. El cuadro de solicitud de comando normalmente se muestra como "C: \ Usuarios \ Nombre Usuario>". Si inicia sesión en su computadora usando "cryptocompare" como su nombre de usuario, entonces la línea de comandos se abrirá como C: \ Usuarios \ cryptocompare>. En este punto, debe pedirle al ordenador que busque en otro lugar para localizar a Geth. Escriba 'cd /' en la línea de comandos, así, está emitiendo una instrucción para "cambiar el directorio". El símbolo 'C: \>' muestra básicamente que está situado en la unidad C.

5. Ahora puede crear una nueva cuenta. Hacer una llamada a Geth es simple. Simplemente escriba 'geth account new' y presione la tecla enter. La línea de comandos se verá de la siguiente manera: 'C: \> geth account new'.

6. Se le pedirá que cree una contraseña. Aquí, debe ser muy cuidadoso, porque no podrá ver lo que está escribiendo. Recuerde, esta contraseña básicamente bloquea su cuenta y garantiza que su clave privada sea segura, por lo que perder esta contraseña significa que también perderá todo el *ether* que esté adjunto a su cartera que tiene su clave privada, por lo que debe estar seguro de su contraseña. Es mejor anotarla antes de escribirla cuidadosamente en la máquina. Una vez que termine de escribir su contraseña, presione enter. Esto crea automáticamente su nueva cuenta.

7. En este punto, permita que Geth se conecte con la red Ethereum para que sea completamente operativo. Así que escriba "geth --rpc" en el terminal antes de presionar enter, para iniciar la descarga de la cadena de bloques de Ethereum y sincronizar con toda la red global. Este es un proceso que requiere mucho tiempo y depende en gran medida de la velocidad de conexión de Internet y del tamaño actual de la cadena de bloques. Por lo tanto, sea paciente y espere a que finalice este proceso antes de poder comenzar la extracción. Si su firewall intenta bloquear este proceso, recuerde hacer clic en "permitir acceso". Deje que este cmd permanezca abierto; debe ejecutarse en segundo plano. También se le puede pedir que especifique si está interesado en la minería *hardfork* o no. Entonces, para extraer *ether*, simplemente escriba "geth --rpc --support-dao-fork".

8. Antes de seguir avanzando, consiga un *software* de minería. Un *software* de minería ayudará a su GPU a ejecutar el *hash* del algoritmo de la plataforma Ethereum. Puede elegir Ethminer,

descargar y luego instalarlo. Busque la última versión, descárguela e instálela. Nuevamente, si el firewall impide el proceso, simplemente haga clic en "permitir" y si Windows no puede reconocerlo, haga clic en "ok" también.

9. Luego, abra una nueva línea de comandos, como en el paso 4 anterior, y abra 2 ventanas más. Necesita modificar el comando del directorio. Simplemente haga clic con el botón derecho en el icono del terminal, el que ha estado activo, que se encuentra en la barra de tareas en la parte inferior de la página, antes de hacer clic en la línea de comando en el menú resultante.

10. Luego escriba "cd /" en la línea de comandos que se acaba de abrir y luego "C: \ Usuarios \ Nombre Usuario> cd /" y presione la tecla enter. Ahora, "C: \>" debería verse en pantalla. Esto significa que ha utilizado el comando de "cambiar directorio" ("cd") para situarse en el disco C y no en su carpeta de usuario.

11. A continuación, presione el botón de tabulación después de escribir "cd Arch". Se verá de esta manera: C: \> cd Arch. Presione la tecla tabuladora para completar automáticamente el nombre con el más cercano disponible en la unidad C: de la misma manera que se comporta el autotexto en su Iphone. Una vez que presione el tabulador, debería aparecer como C: /> cd "Archivos de programa". Luego presione Intro para que aparezca una nueva línea que muestre "C: \ Archivos de programa>".

12. Puede acceder al *software* de minería de *ethereum* que acaba de instalar simplemente escribiendo "cd cpp" antes de presionar la tecla tabuladora. Luego presione enter. Después de presionar el tabulador, se mostrará C: \ Archivos de programa> cd cpp-ethereum; después de presionar enter, obtendrá C: \ Archivos de programa \ cpp-ethereum>.

13. ¡Y *voilá*! Ahora puede comenzar a extraer Ethereum. Teclee 'ethminer –G' y presione la tecla enter. Esto inicia automáticamente el proceso de minería después de crear el Gráfico Acíclico Dirigido (DAG), un archivo grande que se almacena en la RAM de su GPU para que sea resistente a los Circuitos Integrados Específicos de la Aplicación (ASIC). Este paso requiere suficiente espacio en su disco duro, así que asegúrese de cumplir con los conceptos básicos de la minería como se indicó anteriormente.

14. Siempre que reciba mensajes de error, puede cancelar el proceso presionando Ctrl + C. Luego, vuelva a intentarlo para obtener un proceso exitoso.

15. También puede realizar minería de CPU. Escriba 'ETHMINER' y presione enter para que comience el proceso. DAG se iniciará antes de que Geth comience a comunicarse con Ethminer.

16. Dado que el *hashrate* de la red continúa aumentando, la minería en solitario se está volviendo más difícil. Por lo tanto, para obtener buenas ganancias, piense en unirse a un grupo minero y aprender de las mejores prácticas de la industria.

Si el proceso anterior de minería de *ethereum* resulta difícil, puede probar la minería en la nube. La minería en la nube es relativamente fácil, aunque no tan rentable.

Minería de *ethereum* en la nube

Si no es experto en tecnología o no puede dedicar suficiente tiempo a la minería de *ethereum*, entonces la minería en la nube es una opción viable que también puede considerar. La minería en la nube simplemente se refiere a un concepto de negocio que le permite comprar una parte del hardware de minería que se encuentra en centros de datos remotos.

Con la minería en la nube, tendrá que pagarle a otra persona para que haga la minería e incluso administrar y operar el sistema de minería por usted. Se le pedirá que firme un contrato de un año, en el que paga por adelantado a la empresa minera y les permite hacer el trabajo por usted. Usted tiene la oportunidad de obtener una pequeña parte de los ingresos y algunos pagos frecuentes con un bajo nivel de riesgo. Los costos de mantenimiento y electricidad ya no le corresponden a usted utilizando la minería en la nube.

Hay una serie de empresas de renombre que ofrecen minería en la nube. Sin embargo, siempre tenga cuidado o corre el riesgo de perder su inversión. **Genesis** es una de esas compañías de las que puede obtener su primer contrato con minería y comenzar a ganar sin problemas. Es probable que obtenga mejores ofertas en la minería de *ethereum* en la nube debido a:

- Los mineros de la nube compran en grandes cantidades y terminan obteniendo descuentos en la compra de sus GPU.

- Los mineros de la nube en su mayoría ponen sus máquinas en ubicaciones de bajo coste.

Estas medidas reducen significativamente los costos de operación de las máquinas de minería de *ethereum*, y los ahorros se transfieren posteriormente a usted. Por ejemplo, los contratos mineros de Genesis se ejecutan con energía verde, lo que reduce considerablemente los gastos de minería.

Otra ventaja de usar minería en la nube es que garantizan un tiempo de actividad del 100%. Por lo tanto, están listos para sustituir sus propias máquinas cada vez que su minero se desconecta. Finalmente, al utilizar minería en la nube, no tendrá que escuchar el ruido que produce del proceso de minería.

Otras empresas que ofrecen minería en la nube son:

• Crypterra: esta es una nueva compañía que ofrece un contrato de 2 años de minería en la nube ETH.

• Hashflare: en Hashflare, no hay contratos fijos ni comisiones ocultas, pero usted obtiene retiros instantáneos una vez que firma un contrato con ellos.

Puede iniciar la minería en la nube simplemente comprando acciones en línea y uniéndose a un grupo de minería en la nube. Tan solo seleccione su plan preferido, realice los pagos necesarios y comience la minería. A pesar de que el mercado de *ethereum* puede considerarse transparente, debe estar alerta, ya que las compañías estafadoras pueden estar al acecho a punto de estafarle para robar su dinero duramente ganado.

Con todo, la minería requiere mucha práctica. Incluso sin antecedentes en campos relacionados con IT, aún puede ganar mucho con la minería. Esta guía no ha cubierto los pasos más avanzados de la minería, como la minería dual, el acceso y la supervisión remotos, el *flasheo* de BIOS, el *overclocking* y el *undervolting* Sin embargo, puede mejorar sus habilidades en estas áreas inscribiéndose **en cursos de minería**.

Tener un sistema fiable que haga un seguimiento de su desempeño puede mantenerlo motivado a medida que avanza con la minería de *ethereum*. También puede medir el éxito de su sistema minero al monitorear los beneficios que obtiene. A continuación, veamos cómo hacer esto.

Calculadora de rentabilidad de minería de *ethereum*

La minería es un ejercicio de uso intensivo de recursos, que puede agotar fácilmente sus inversiones si no se realiza con mucho cuidado. Por esta razón, se han desarrollado muchas herramientas para mejorar la efectividad de su sistema. Estas herramientas son calculadoras de rentabilidad que pronostican el *hash* neto, así como el *ether* diario, y pueden ayudarle a determinar si el trabajo vale la pena. A continuación, se muestran algunos pasos que puede seguir para determinar la rentabilidad de su sistema:

- Antes de embarcarse en la minería *ethereum*, es una buena idea echar un vistazo a la **calculadora de minería de Etherscan** para estar actualizado en temas como el *hashrate* de la red (lo que representa miles de millones de cálculos en un segundo y normalmente se mide en Gigahash por segundo (GH / s), tiempo de bloque y precios actuales del *ether*.)

- Una vez que haya obtenido las cifras anteriores, cópielas en la **calculadora de minería Cryptowizzard**, que es una calculadora avanzada y le permite configurar sus costos de electricidad. Recuerde, los costos de la electricidad juegan un papel muy importante en la determinación de sus ganancias mineras.

- A continuación, puede seleccionar la tarjeta gráfica que desea usar. Esto le indicará a la calculadora que ingrese automáticamente el consumo de energía correcto y el *hashrate*. Supongamos que ha modificado el rendimiento de su tarjeta o que su tarjeta no está en la lista, simplemente seleccione la opción personalizada e indique manualmente las cifras correspondientes. Recuerde ingresar los *hashrates* de GPU en MH / s (Megahash por segundo), lo que significa millones de cálculos en un segundo.

- Ahora puede ingresar el precio de su electricidad. Esta información se puede obtener **aquí** o **aquí** si se encuentra en los EE. UU. o en cualquier otro lugar respetivamente, o simplemente examinando su factura de servicios públicos. Después de ingresar todas las cifras correctamente, debería ver las ganancias que, según los cálculos, generará.

Estas cifras varían de vez en cuando. Del ejemplo anterior, se observa que el minero obtendría 109 ETH por año. Supongamos que el éter se vende al precio actual, entonces el minero ganará 1.537 dólares. Después de restar el coste de la electricidad de 493 dólares, la ganancia neta del minero asciende a 1.045 dólares. El minero puede deducir varias otras deducciones tales como:

- 1% más una tarifa de pago de ETH como costos de minería de grupo.

- El precio de compra de los componentes del sistema.

- Comprar una nueva unidad de fuente de alimentación (PSU); es recomendable que compre una fuente de alimentación eléctrica eficiente. A pesar de que puede costarle más, siempre ahorrará en costes de energía.

Sin embargo, tenga en cuenta que el futuro de Ethereum sigue siendo impredecible para la mayoría de los participantes. La dificultad de la minería aún está en la tendencia al alza e incluso puede aumentar a medida que se lanzan tarjetas GPU más eficientes. Además, el cambio programado de Ethereum del modelo actual de prueba de trabajo al modelo de prueba de participación en una fecha no especificada significa que ya no será posible minar *ethereum*. Por lo tanto, esté preparado para hacer frente a los tiempos difíciles, cuando sus ganancias comiencen a disminuir.

Cualquier inversor sabe que el cambio es inevitable. Cuando comience a invertir en Ethereum, es importante estar preparado para cualquier eventualidad, ya que podría tener un impacto de gran alcance en sus ganancias. El siguiente capítulo profundiza en el futuro de Ethereum para que pueda comprender mejor el mercado y hacer planes más informados para manejar los desafíos futuros.

Capítulo 4: El futuro de Ethereum

Los expertos argumentan que se espera que la red Ethereum se expanda y crezca hasta convertirse en una plataforma única que pueda ofrecer soluciones a problemas cotidianos. Por lo tanto, es una buena idea estar al tanto de los próximos cambios que sucederán en la red Ethereum y diseñar formas innovadoras para mantener segura su inversión en línea.

En primer lugar, el proceso de lanzamiento de Ethereum se dividió en 4 fases. Esto fue necesario por la necesidad de garantizar que todas las fases tuvieran un amplio tiempo de desarrollo para garantizar un progreso eficiente y óptimo. Las 4 fases del lanzamiento de Ethereum son:

- Fase Frontier: esta fue la primera fase. En gran parte se describió como una fase experimental. Durante esta fase, Ethereum se sometió a varias actualizaciones de protocolo estratégico para mejorar su funcionalidad y estructuras de incentivos.

- Fase Homestead: esta es la fase actual, que se considera estable y ha experimentado mejoras en la seguridad, los precios del *gas* y los precios de las transacciones.

- Fase Metrópolis: esta es la próxima fase y está dirigida a reducir la complejidad de la EVM, así como a proporcionar un poco de flexibilidad a los contratos inteligentes.

- Fase Serenity: esta es la etapa final. Aunque el cambio a Serenity es incierto, esta fase debe caracterizarse por un cambio esencial del sistema de prueba de trabajo (minería de hardware) a prueba de participación (minería virtual).

Tenga en cuenta que se espera que la red Ethereum cambie a la fase Metrópolis en cualquier momento a partir de ahora. Con tal movimiento, los siguientes conceptos serán evidentes:

- Abstracción: esto implica que puede usar cualquier protocolo o sistema incluso si no conoce completamente los detalles técnicos. Por ejemplo, no necesita ser un ingeniero o un programador para operar su iPhone. Así, puede activar una aplicación simplemente presionando en la pantalla, o puede llamar a alguien simplemente presionando el botón de llamada. En pocas palabras, la abstracción elimina las complejidades y hace que una tecnología compleja sea accesible a las masas.

- En otras palabras, la abstracción le permitirá utilizar cualquier criptomoneda, como *bitcoin*, para pagar las transacciones de *ethereum*.

- Zk-Snarks: significa "pruebas de conocimiento cero no interactivas sucinto de conocimiento cero". Funciona según el concepto de pruebas de conocimiento cero. Por ejemplo, supongamos que tenemos dos partes, como el validador y el verificador, el validador puede determinar que son parte de la información dada al verificador, incluso aunque la información en sí no sea revelada. En consecuencia, la introducción de Zk-Snarks en Ethereum mejorará la privacidad y hará que el comercio en línea sea más cómodo para las masas.

- Fragmentación: en este caso, una gran base de datos, como una cadena de bloques, se divide en partes que son más pequeñas y más manejables. Estas partes se conocen comúnmente como "fragmentos". Como tales, los fragmentos individuales deben tener sus propios conjuntos de validadores. Por lo tanto, la prueba de participación es un requisito esencial para que esto ocurra. Ahora, en la fase actual de prueba de trabajo, todos los mineros trabajan en el mismo problema simultáneamente. Pero la fragmentación separa a los validadores en fragmentos designados, lo que garantiza que todos puedan trabajar en diferentes problemas al mismo tiempo. Es decir, se mejora la eficiencia de todo el sistema, debido a la implementación de los protocolos de mejora de Ethereum (EIP). Por lo tanto, los contratos de Ethereum serán más flexibles y comenzarán a pagar sus propias comisiones, incluso sin el financiamiento externo de los usuarios.

Y así, el cambio a Metrópolis verá la implementación del tan esperado cambio del modelo de prueba de trabajo al modelo de prueba de participación. El modelo de prueba de trabajo implica el uso de hardware dedicado a resolver los rompecabezas criptográficos con el fin de extraer *ethereum*. Pero el modelo de prueba de participación está destinado a hacer que todo el proceso de minería sea más virtual, mediante el uso de validadores en lugar de mineros.

Por lo tanto, si está interesado en la minería, debe estar preparado para convertirse en un validador una vez que se produzca el cambio. Como validador, se le pedirá que bloquee parte de su *ether* como participación, antes de que se le permita validar los bloques. El trabajo de validación será simple. Solo buscará aquellos bloques que crea que se pueden agregar a la cadena de bloques y hacer apuestas en ellos. Por lo tanto, si su bloque es añadido, será premiado y su recompensa será proporcional a la participación que invirtió. Sin embargo, perderá su participación haciendo una apuesta en el bloque equivocado.

Se utilizará el algoritmo de consenso de Casper para implementar el modelo de prueba de participación. Las etapas iniciales verán un sistema de estilo híbrido que permitirá la mayoría de las transacciones en el modelo de prueba de trabajo, mientras que cada transacción número cien se realizará en el modelo de prueba de participación. Por lo tanto, no debe preocuparse porque tendrá la oportunidad de probar sus habilidades en el nuevo modelo antes de que se implemente por completo.

Con todo, el futuro de Ethereum parece brillante porque el objetivo principal de la red Ethereum es volverse omnipresente. Y al mismo tiempo, el éxito de Ethereum estará determinado por la percepción del público hacia los *tokens* lanzados en la plataforma, las decisiones tomadas por el equipo de desarrollo y la calidad de las aplicaciones lanzadas en la plataforma. Por lo tanto, Ethereum ejecutará todo y usted ni siquiera tendrá una idea de que está trabajando en algo que depende de ello. Sin embargo, aún queda mucho trabajo por hacer para lograrlo, por lo que invertir en Ethereum ahora no es una mala idea. Mientras invierte, siempre tenga en cuenta que está operando en un mercado muy joven, y cualquier cosa puede suceder en cualquier momento. A pesar del hecho de que su tecnología tiene un gran potencial, intente limitar el riesgo ya que el mercado está destinado a experimentar una gran volatilidad. ¡Buena suerte!

Conclusión

Invertir en Ethereum es una de las formas que puede utilizar para protegerse contra la incertidumbre económica, al igual que poseer oro. Con las transacciones de *ether* ganando terreno a nivel mundial, no necesita esperar más antes de aprovechar su inversión.

Si encuentra el libro provechoso, ¿podría recomendárselo a otros? Una forma de hacerlo es publicar una reseña en Amazon.